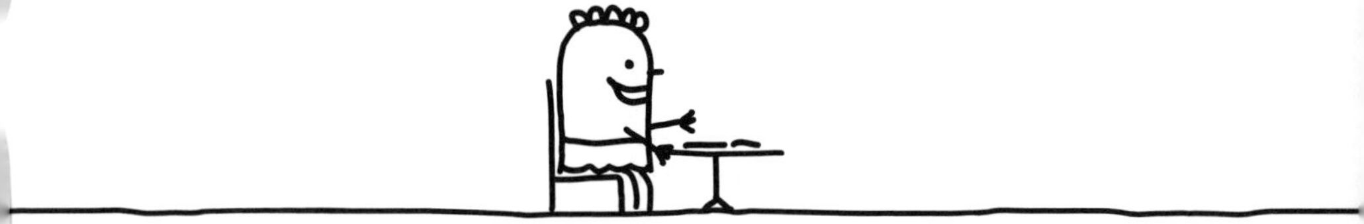

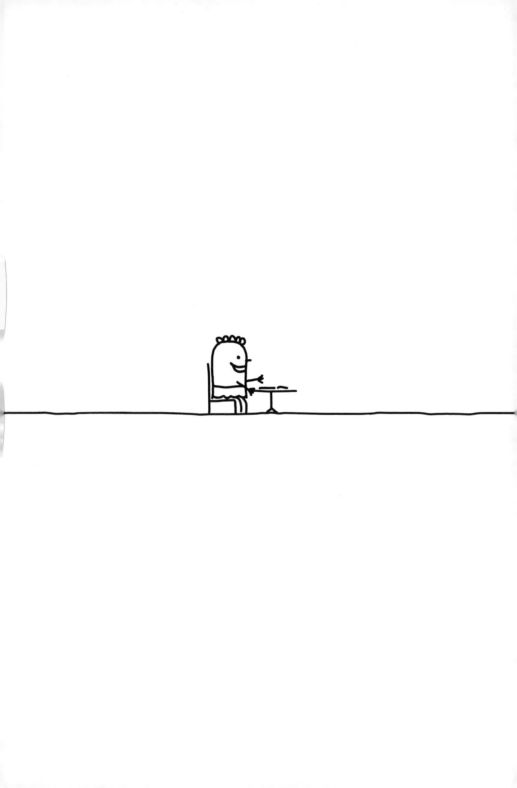

Good Inside

教養逆思維

看見孩子脫序行為中的內在需求

Dr. Becky Kennedy
貝琪・甘迺迪博士／著
簡瑜、徐彩嫦／譯

獻給我的丈夫，
他是我生命的支柱，
還有我的孩子們，
他們教我的比我教給他們的還要多。

目次

Part 1 貝琪博士的教養原則

Part 2　建立連結和解決行爲問題

前言
幫助你在教養路上脫胎換骨，不再懷抱沮喪和罪惡感

「貝琪博士，我五歲的孩子正處於一個階段，她對妹妹很刻薄，對我們很無禮，在學校裡情緒崩潰。我們感覺完全卡住了。你能幫忙嗎？」

「貝琪博士，爲什麼我的孩子經過馬桶訓練後，突然在家裡到處小便？我們嘗試使用獎勵和懲罰，卻沒有任何改善。你能幫忙嗎？」

「貝琪博士，我十二歲的孩子從來不聽我的話！這讓人很生氣。你能幫忙嗎？」

是的，我可以幫忙。我們可以克服這些難題。

作為長期從事私案諮詢的臨床心理學家，我與尋求協助的父母合作，解決那些讓他們感到沮喪、精疲力竭和絕望的棘手情況。儘管從表面上看，這些情況是獨特的——愛耍嘴皮的

五歲孩子、已接受過馬桶訓練卻退步的幼兒、挑釁的青少年——但潛在的希望是相同的：所有父母都想做得更好。基本上父母不斷在告訴我：「**我知道我想成為怎樣的父母，但不知道如何達到這個目標，請幫助我銜接兩者之間的距離。**」

諮詢的過程，由父母和我從一起解讀某個失序行為開始。行為是一條線索，顯示一個孩子或往往一整個家庭系統辛苦掙扎的癥結點。透過調查行為，我們更進一步認識孩子，了解孩子的需求、缺少什麼技能，發現父母的引爆點和可成長的領域。我們從「**我的孩子有什麼問題，你有解決辦法嗎？**」轉移到「**我的孩子面臨什麼挫折，我能扮演怎樣的協助角色？**」同時希望父母思考：「**在這種情況下，我接下來的挑戰是什麼？**」

我的工作主要是幫助父母從絕望和挫敗走出來，轉換為希望、授權、甚至自我反思——這一切都不依賴普遍提倡的教養策略。你不會見到我建議暫時隔離、好寶寶貼紙、懲罰、獎勵或忽視，作為對孩子挑戰行為的回應。我推薦什麼呢？首先，我們必須理解孩子這些脫序行為只是冰山一角，表面之下是孩子的整個內心世界，等待著被理解。

「不一樣」的教養觀念

當我在哥倫比亞大學攻讀臨床心理學博士並在診所工作時，我對孩子進行遊戲治療。雖然我喜歡諮詢孩童，但很快就對與父母的有限接觸感到沮喪。我常常希望也能與父母合作，而不只是直接諮詢孩子，但與父母僅有輔助性交談。同一時間，我也為成年人提供諮詢，而我被一種不可否認的連結所吸引：這些成年人明顯在童年時期曾經出了問題——兒時的需求沒有得到滿足，或者行為背後的求救訊號，卻未得到回應。我意識到，如果觀察一下成年人需要但未曾得到的東西，我就可以用這些知識來指導我對兒童和家庭的工作。

當我開立私人診所時，我只為成年人提供治療或親職教育。在我自己成為媽媽後，我增加了親職教育方面的工作量，不論是一對一的諮詢或每月持續的教養小組討論。後來，我參加了一個為臨床醫生提供的培訓專案，該專案宣稱將提供一種「證實有效」和「黃金標準」的方法，來處理兒童的紀律和問題行為。它所教授的方法感覺很有邏輯性，也很「乾淨俐落」，我在結業前學到了今日教養專家經常提倡的類似干預措施。當時我覺得學到了一個完美的系統，可以消除脫序行為，鼓勵更多社會觀感良善行為——基本上，就是更順從、更方便父母的行為。但幾週後我突然發現：這感覺很糟糕。每當我聽到自己提供這種「證實有效」的指導時，我就感到胃部不適。我無法擺脫這樣的疑慮：如果有人對我施行這些干預措施，我肯定不好受，它們不可能是教養孩子的正確方法。

沒錯，這些制度合乎邏輯，但它們側重於消除「不良」行為，並以犧牲親子關係為代價強制執行。例如：鼓勵用暫時隔離來改變行為……在孩子們最需要父母的時候硬是把他們拆散，這會是最佳解決辦法？基本的人性在哪裡呢？

我意識到這些「證實有效」的方法是建立在「行為主義」的原則之上，行為主義是一種學習理論，注重可觀察到的行為，而不是感覺、思想和衝動這些無法察覺的心理狀態。行為主義將**塑造行為**置於**理解行為**之上，把行為看作是全景，而不是潛在未滿足需求的表達。這就是為什麼我意識到這些「證實有效」的方法讓我感覺如此糟糕——它們混淆了訊號（孩子真正發生的事情）和噪音（行為）。畢竟，我們的目標不是要塑造行為，而是養育人類。

這股認知一出現，我就無法擺脫。我知道一定有一種與家庭合作的方式，既有效又不會犧牲父母和孩子之間的連結。於是我開始全心投入，把所知道關於依附、正念和內在家庭系統（IFS）的所有理論方法——它們成為我私人諮詢的依據——轉化為一種與父母合作，具體、易做，而且易於理解的方法。

事實證明，將教養思維從「後果」轉向「連結」，並不意味著將家庭掌控權讓給孩子。雖然我抵制暫時隔離、懲罰、後果和忽視，但我的教養方式沒有任何放任或軟弱之處。我的方法提倡堅定的界限、父母的權威和穩健的引導，同時保持積極的關係、信任和尊重。

深刻的思考，實用的策略（以及如何使用本書）

參與親職工作時，我經常說「兩者皆對」：**實用、基於解決方案的策略，也能促進更深層的癒合**。許多教養理念迫使父母做出選擇。以犧牲親子關係為代價來改善孩子的行為，或者優先考慮關係，卻同時犧牲一條通向更好行為的明確道路。採用本書提供的方法，父母不僅可以確實改善外部行為，內心也可以感覺更踏實。他們可以強化與孩子的關係，看到行為和合作的改善。

接下來你閱讀的內容，都將依循「兩者皆對」的核心原則發展。這個原則有理有據，有許多相關的策略，也有實證效果，而且可憑創意直覺化使用，它優先考慮父母的自我照顧和孩子的福祉。案主來到我的辦公室，可能是為了尋找一套解決孩子行為的策略，他們離開時卻得到了更寶貴的東西：對孩子行為背後的細微理解，以及將這種理解付諸實踐的一套工具。我希望在讀完本書後，你也會有同樣的收穫。我希望你能帶著新的自我同理、自我調節和自信脫胎換骨，並感到有能力幫孩子配備這些重要品質。

本書是一個教養模式的開端，它既關乎幼兒發展，更注重家長的自我發展。前十章由我的教養原則組成。不論是在家裡與自己的三個孩子、在諮詢室與案主和他們的家庭，以及在社交媒體上與我多年來連結的許多家長，我都依循這套原則。提出這些原則的目的是為了促進孩童和父母的癒合，並提供實用的策略，以獲得更溫和的教養體驗。這些原則的核心是透過了解孩子的情感需求，父母不僅可以改善行為，還可以改變整個家庭的運作方式和親密關係。

書的後半分成兩部分，首先，你會發現我稱之為**「建立連結資本」**的策略。這些是在親子關係中增進連結和親密的久經考驗的策略。不管是什麼問題——即使只是家裡的氣氛不好，而你又摸不著頭緒——你都可以實施這些干預措施中的一個，開始扭轉局面。接著，我們將進入處理具體的兒童行為問題，許多促使父母尋求我諮詢的常見狀況：從兄弟姊妹之間的爭執、發脾氣、撒謊，到焦慮、缺乏自信和害羞，無所不包。不是每一種策略都適用於每一個孩子，只有你才知道你孩子的個別需求，但這些策略將協助你在挑戰出現時以不同的方式思考，並使你有能力以對你感到合適、對你孩子有安全感的方式解決這些問題。

* * *

讀者應該不會感到意外，我從來不是一個喜歡權衡或犧牲的人。我相信你可以既堅定又溫暖，既講究紀律也給予肯定，既注重連結亦可扮演一個穩固的權威。而且我相信，最終，這種方法對父母來說也是「感覺正確」的——不僅僅是邏輯上的，而是在他們的靈魂深處。因為我們都希望看到孩子成為好孩子，看到自己成為好父母，並努力實現一個更和諧的家庭。而這一切都是可能的，我們不需要選擇妥協，就可以擁有這一切。

PART

1

貝琪博士的教養原則

第1章 內在良善

讓我分享我對你和你的孩子的一個假設：**你們的內心都是完好的**。當你大聲責備孩子「你是個被寵壞的小屁孩」時，你的內在仍然是良善的；當孩子否認推倒妹妹的積木時（儘管你目睹它發生），他的內在仍然是良善的。當我說「內在良善」時，我的意思是我們所有人的核心本質都是具備同理心、充滿愛意且慷慨的。**內在良善**原則推進著我執行所有工作，我深信孩子和父母的內在充滿良善，這使我能夠對他們的不良行為背後的「原因」感到好奇，而這股好奇心使我能夠制定有效的框架和策略來創造變化。本書中沒有什麼比這個原則更重要的了，它是接下來所有內容的基礎。一旦我們告訴自己：「好吧，放慢點……我的內在良善……孩子的內在也是良善的。」我們教養的方式，會與任由挫折感和憤怒支配時截然不同。

棘手的部分是，我們很容易受挫折和憤怒支配。雖然沒有父母願意承認自己憤世嫉俗或消極，或總是認為自己的孩子很壞，但當我們處於困難的教養時刻時，通常會以「**人性本惡**」假設（基本上是無意識的）來運作。我們會自問：「他真的認為可以逃過一劫，不受懲罰嗎？」因為我們假設孩子是故意想利用我們。我們心想：「你為什麼這麼難搞？」因為我們假設孩子的內心有缺陷；我們大喊：「你應該知道分寸！」因為我們認定孩子是故意違抗或挑釁我們。我們也以同樣的方式責備自己：「我到底有什麼問題？怎麼老是明知故犯！」然後陷入絕望、自我厭惡和羞恥的泥沼中。

許多教養建議依賴於延續這種「壞」的假設，注重於管控孩子而不是信任孩子，處罰孩子禁閉而不是擁抱他們，認定孩子是操弄人心而不是需要關注。然而，我確實相信，**我們的內在都是善良的**。讓我澄清：看見孩子內在的良善，並不是為其不當行為找藉口，也不是溺愛的教養方式。有一種誤解，認為從「內在良善」的角度來教養孩子會導致「喪失原則」，從而產生自視甚高或失控的孩子。但我不知道有誰會說：「哦，我的孩子內在良善，所以他向朋友吐口水也無所謂。」或者「我的孩子內在良善，所以誰在乎她辱罵姊姊。」事實恰恰相反。理解我們的內在充滿良善，使你能夠區分一**個人**（你的孩子）和一**種行為**（無禮、打人、說「我恨你」）。區分一個人是誰和他所做的事情是創造干預措施的關鍵，這些干預措施既能維護你們的關係，又能引導有影響的改變。

接納人性本善使你能夠成為家庭的堅固引導者，因為當你對孩子的善良有信心時，你就相信他們有能力表現得「好」，做正確的事。只要你相信他們有能力，你就能為他們指明方向。這種類型的引導是每個孩子都渴望的——他們可以信任的人引導他們走上正確的道路。這使他們感到安全、能夠找到平靜，並啟動情緒調節和復原力的發展。提供一個安全的空間，讓他們嘗試和失敗，而不必擔心他們會被視為「壞」，這將使你的孩子學習和成長，並最終感到與你有更緊密的連結。

也許這聽起來是一個理所當然的想法。你的孩子內心本來就是良善的！畢竟你愛你的孩子——如果你不想鼓勵他們活出良善，就不會讀這本書。但從「內在良善」的角度操作比想像中困難，特別是在困難或高度緊張的時刻。由於兩個主要原因，我們很容易，甚至是反射性地預設為一個不太寬容的觀點。首先，人類的演化過程讓我們傾向負面偏見，這意味著我們更關注孩子帶來的困難考驗（或是我們自己、另一半、乃至於整個世界造成的麻煩），而不是關注和諧順暢的部分。第二，我們自己的童年經歷影響了我們對孩子行為的看法和反應。我們之中許多人的父母都是會評斷但不會好奇，會批評但不會理解，會處罰但不會討論（我猜他們的父母也是這樣對他們挑剔的）。而且，在沒有刻意努力糾正的情況下，歷史會重演。因此，許多父母將行為視為**衡量孩子的標準**，**而不是將行為作為孩子可能需要的線索**。如果我們把行為看作是孩子對需求的表達，而不是身分表徵呢？那麼，我們就不會因為孩子的缺點而羞辱他們，使他們感到被忽視和孤獨，而是可以幫助他們探取內在的善良，並在此過程中改善其行為。轉變我們的觀點並不容易，但這絕對值得。

重置大腦迴路

回顧你的童年，想像一下你的父母在這些情況下會如何應對。

- 你三歲了，家裡剛迎來一個新生兒妹妹，每個人都爲之歡呼雀躍。儘管家人說你應該爲此感到高興，但你在努力適應不再是唯一孩子的過渡期。你經常發脾氣，從妹妹那裡搶玩具，終於，你的情緒一口氣爆發：「把妹妹送回醫院！我討厭她！我討厭她！」接下來會發生什麼事？你的父母是如何回應的？
- 你七歲了，很想吃巧克力餅乾，但爸爸明確地說你不能吃。你受夠了接受命令和不斷被拒絕，所以當你獨自在廚房時，你抓起了餅乾，卻被爸爸逮個正著。接下來會發生什麼事？他如何處置你？
- 你今年十三歲，正在爲一份學校作業而苦惱。你告訴爸媽它已經完成了，但後來他們接到老師的電話，說你從未交那份作業。接下來會發生什麼事？你回家後，父母會怎麼說？

我們必須認清一個重點：我們都曾搞砸過，每個人在每個年齡層都遇過困難而應對行為不盡理想。但幼年時期的影響尤其強大，因為我們的身體正開始根據父母對我們的看法和反應，來決定該如何思考和應對困難時刻。換句話說：當面臨挫敗考驗時，我們的自我對話方式——「別那麼敏感」或「我反應過度」或「我太笨了」，或者是「我正在盡力」或「我只是想感受到被看見」——是基於父母在我們年幼挫敗時，如何與我們說話或對待我們。這意味著我們怎麼思考「接下來會發生什麼事？」之類的問題，對於理解**我們身體的迴路**至關重要。

我說的「迴路」是什麼？在幼年時期，身體正在學習在什麼條件下我們會得到愛、關注和理解，在什麼條件下我們會被拒絕、懲罰和拋棄。身體依循著這些路線收集的「資訊」對我們的生存至關重要，因為盡可能與照顧者建立連結是年輕無助的孩子的首要目標。這些知識影響著我們的發展，因為孩子很快就開始擁抱任何能讓我們得到愛和關注的東西，而停止任何被拒絕、批評或無效的部分，並將其標記為「壞」。

然而，我們沒有任何部分是**真正**壞的。在「把妹妹送回醫院！我討厭她！」的吶喊下是一個痛苦的孩子，有巨大的、被遺棄的恐懼和在家庭中的威脅感；在拿餅乾的違抗之下，可能是一個在生活的其他部分感到不被重視和被控制的孩子；在未完成的學校作業之下，是一個面臨挫敗的孩子，很可能感到不安。每一個「不良行為」底下，總有一個好孩子。然而，當父母長期嚴厲地否定一個行為**而未能辨認底下的良善本質**，孩子就會認定**「自己是壞**

孩子」。而壞行為必須不惜一切代價予以停止，所以孩子會發展出一些方法，包括嚴厲的自我對話來責備自己，以此來扼殺「壞孩子」的部分，進而尋找「好孩子」的部分，也就是得到認可和連結的部分。

那麼作為一個孩子，你在「壞行為」之後學到了什麼？你的身體是否學會了評斷、懲罰和孤獨……還是界限、同理心和連結？或者，更簡單地說，現在我們知道一個人的「壞行為」實際上是他們內心挫敗的一個訊號。你學會了用批評或是同理來面對挫敗？帶著責備還是好奇心？

幼年時的照顧者如何回應我們，就會變成我們反過來如何回應自己，也為我們如何回應孩子奠定了基礎，這就是為什麼「內在本惡」很容易成為跨世代的問題。

我的父母對我的挫敗作出嚴厲和批評的反應→我學會了在遇到困難時懷疑自己的良善→我現在作為一個成年人，用自責和自我批評來應對自己的挫敗→當孩子鬧脾氣時，啟動了我身體裡的這種迴路→我被迫對孩子的挫敗做出嚴厲的反應→我在孩子的身體裡建立了同樣的迴路，因此孩子在挫敗時學會了懷疑自己的良善→無限循環。

好，讓我們暫停一下。將手放在你的心上，向你自己傳遞這一重要資訊：「我在這裡是因為我想改變，我想成為不良代際模式的停損轉折點，我想開始一些不同的事情：我想讓我的孩子內心感覺良好，感覺有價值、可愛和值得，即便在辛苦掙扎時。而這始於……重新找回我自己的善良。我的善良一直都在。」每個世代都重複出現的問題不是你的錯。恰恰相反，如果你在讀這本書，這就告訴我，你正在承擔打破迴圈的角色，你勇敢宣示，某些破壞性的模式到你這邊結束。你願意承擔之前幾代人的重量，並為未來幾代人改變方向。**哇！**不僅錯不在你，你是勇敢的、大膽的，你愛你的孩子勝過一切。打破迴圈是一場史詩般的戰鬥，而你承擔了這一任務，真是了不起。

最寬容的解釋（MGI）

尋找內心的良善，往往來自於問自己一個簡單的問題：「對於剛才發生的事情，我**最寬容的解釋**是什麼？」我經常對我的孩子和朋友這樣問，也正努力在婚姻關係中和對自己多問這個問題。當我說出這句話，即使只是在心中默唸，我注意到我的身體變得柔軟，發現自己以一種感覺更舒適的方式與人互動。

讓我舉個例子。你計畫單獨帶大兒子出去吃午飯，慶祝他的生日。你決定提前幾天慢慢地讓小兒子做好心理準備。「我想讓你知道星期六的計畫。爸爸和我要帶尼可出去吃午飯，為他慶生。我們出去的時候，奶奶會過來陪你一個小時。」你的小兒子回答道：「你和爸爸要帶尼可出去，把我留在家裡？我討厭你！你是世界上最糟糕的媽媽！」

哇，剛剛發生了什麼事？你又該如何應對？這裡有幾個選項：

一、「最糟糕的媽媽？我才剛買給一個新玩具給你，太不懂感恩了吧！」

二、「你這麼說，讓媽媽很傷心。」

三、不理會。轉身走開。

四、「哇，這些都是很嚴厲的話，讓媽媽喘口氣……我聽得出來你很難過，多告訴我一些。」

我喜歡第四選項，因為這是在對孩子的行為進行最寬容的解釋後，思考出有意義的干預。第一個方案將兒子的反應解釋為被寵壞和忘恩負義。第二種方案教導我的兒子，他的感受太過度、太可怕而無法被管理，他們傷害了別人，威脅到與照顧者的依附安全（我們將在第4章詳細介紹依附關係，但簡言之：聚焦於孩子對我們的影響容易養成病態依存關係，無助於情緒調節或同理心）。第三種選項透露出的資訊是，我相信兒子是不可理喻的，他的關注對我來說不重要。但我對孩子的反應的**最寬容解釋**（The Most Generous Interpretation, MGI）是這樣的：「小兒子非常希望他能參加這個特別的午餐。我可以理解。他很傷心，還有嫉妒。這些感覺在他的微小身體裡是如此巨大，以至於他以具強烈傷害性的語言形式從身上爆發出來，但底下是一系列原始、痛苦的感受。」接下來的干預——基於看到我的孩子**內在良善**同理陳述——是肯定他的反應是難以承受痛苦的標誌，而不是他是個壞孩子的標誌。

尋找最寬容解釋，將引導父母關注孩子的內心世界（強烈感受、極度憂慮、強大衝動、感覺），而不是孩子的外部世界（嚴厲言語，或有時爆炸行為）。當我們把這種觀點付諸實踐時，我們也同時在引導孩子這樣做。我們讓他們面向自己的內在經驗，包括思想、感受、情感、衝動、記憶和圖像。自我調節技能依賴於識別內在經驗的能力，因此，透過關注內在的東西而不是外在，我們為孩子建立健康應對的基礎。對孩子的行為選擇最寬容的解釋，並不意味著你對他們「心慈手軟」，而是以一種幫助他們培養未來關鍵情緒調節技能的方式來框定他們的行為——而且你在這一過程中維護了你們之間的連結和親密關係。

我喜歡從最寬容解釋角度思考的另一個原因是，在任何時候，尤其是當我們的孩子處於**失調狀態時**——也就是他們的情緒壓倒了目前的應對能力——他們尋求父母了解：「我現在是誰？我是一個做壞事的壞孩子……還是一個**面對挫敗的好孩子**？」孩子透過接受父母對這些問題的答案，形塑自己的自我看法。如果我們希望孩子擁有真正的自信，**感覺自己良好**，我們需要向孩子反映，他們的內在是完好的，即使外在掙扎。

我經常提醒自己，孩子會對父母反映給他們的自我版本做出反應，並相應地採取行動。當我們告訴孩子他們是自私的，他們就會為了自己的利益而行動；當我們告訴兒子，他的妹妹比他有禮貌得多，果然不出乎意料，粗魯的行為仍舊繼續。但相反的情況也是如此。當我們告訴孩子：「你是個好孩子，只是陷入一些困境……我在這裡，陪在你身邊。」他們更有可能對自己的挫敗產生共鳴，這有助於他們調整並做出更好的決定。我記得有一次看到我的大兒子在糾結是否要和妹妹分享他的零食，我感到自己很想說：「妹妹會和你分享！來吧，做一件好事！」但我也聽到另一個聲音在喊：「最寬容的（解釋）！最寬容的（解釋）！」於是我轉而說：「我知道你和這個家庭中的其他人一樣有分享能力和大方。我現在離開這個房間，你和妹妹可以自己解決這個問題。」我聽到他告訴妹妹，她不能吃她想要的餅乾，但她可以吃幾塊他的椒鹽脆餅。完美的結果嗎？不見得，但如果我執著尋求完美，我將會錯過成長……而沒有什麼比成長更能讓我振奮。我的兒子選擇做出一個小小犧牲，我樂見這份成長。

沒有什麼比學會在挫敗中找到我們的完好良善更有價值的了，因為這引導反思和改變能力的提升。所有良好的決定都始於對自己和環境的安全感，而沒有什麼比被認可為是真正良善的好人更具備安全感了。因此，如果你要從本書中記住一件東西，請記住這一點。你的內在是良善的，你的孩子內在是良善的。如果你在開始嘗試任何改變之前回到這個真相，你就會走上正確的道路。

第2章 兩者皆對

當莎拉走進我的辦公室時，這位兩個男孩的母親表達了沮喪、自責和怨恨的情緒。她有很棒的孩子和貼心的伴侶，但她厭倦了不斷地管教孩子而犧牲與他們之間的任何樂趣。她說：「我希望可以和孩子玩鬧，但得有人來執行規則，讓事情按部就班。」莎拉和我共同努力的事情，也是我和許多家長一起努力面對的實情，就是承認她可以同時扮演兩個角色：懂玩卻不失原則，逗趣又不失威儀。她不僅可以同時做到這兩點，而且如果她能確實做到這兩點，她會感覺更好，家庭系統也會運作得更融洽。

這個想法是我許多教養建議的基礎：我們不必在兩個看似對立的現實之間做出選擇。我們可以避免懲罰且改善行為，我們可以用一套堅定的期望來培養孩子，卻仍然擁有玩樂空間；我們可以建立和執行界限，並同時表達我們的關愛，我們可以同時照顧自己和孩子。同樣，我們可以為家庭做出正確的事情，而孩子也可以表達不滿；我們可以說不，同時關心孩子的失望。

這種多重性的想法——同時接受多個現實的能力——對於健康的親子關係至關重要。

當一個房間裡有兩個人時，必然有兩套感覺、想法、需求和觀點。同時接受多種事實的能力——我們的和別人的——將使關係中的兩個人感到**被看見**並且**真實存在**，即使雙方處於衝突之中。多重性是使兩個人能夠相處並感到親近的關鍵——每個人都知道自己的經驗將被接受為真實，並因為重要進而被探索了解，即使這些經驗不盡相同。建立穩固的連結有賴於這樣一個假設：沒有人是絕對正確的。**因為理解，而不是說服**，是使人們在關係中感到安全的原因。

這裡的「理解而不是說服」是什麼意思？當我們尋求理解時，會試圖**看見**和**了解**另一個人的觀點、感受和經驗。本質上我們對對方說：「同一件事，我們卻有不同的經歷。我想了解你的感受。」時，並不意味著你同意或遵守（這將意味著「只有一件事是正確的」的觀點），或我們是「錯誤的」或我們的真理並不成立。它意味著我們願意暫時放下自己的經驗，去了解別人的經驗。當我們帶著理解的目標接近某人時，我們接受事實的解釋不止一種，而是有諸多感受和觀點。理解有一個目標：連結。與孩子建立連結是他們學習調節情緒和感受內心美好的方式，所以理解會一次次出現，成為溝通的目標。

理解的相反是什麼？就這個論點而言，是說服。說服是試圖證明單一現實的努力，要證明「只有一件事是正確的」。說服是試圖成為「正確」，並因此而使對方成為「錯誤」，它基於只有一個正確觀點的假設之上。當我們試圖說服某人時，基本上是在說：「你錯了，你認知錯誤、記憶錯誤、感受錯誤、體驗錯誤。讓我向你解釋為什麼我是正確的，然後你就會明白，回心轉意。」說服只有一個目標：正確。而「正確」的不幸後果就是對方感覺**沒有被看見和受聆聽**，在這一點上，大多數人變得憤怒和好鬥，因為感覺對方不接受你的真實性或價值。感覺被忽視和未被聆聽，會使得連結變得不可能。

理解（「兩者皆對」）和說服（「單一正確」）是兩種截然不同接近他人的模式，因此在任何互動中，強而有力的第一步是注意自己處於哪種模式。當你處於「只有一個正確答案」模式時，你會對別人的經驗做出判斷和反應，因為這感覺像是在攻擊你的信念。因此，你會尋求證明你自己的觀點，這反過來又使對方產生防禦心，因為他們需要維護自己經驗的真實性。在「單一正確」的模式下，交流迅速升級成針鋒相對——每個人都認為自己在爭論談話的內容，而實際上他們在試圖捍衛自己是一個活生生、有價值的人，擁有真實的經驗。相比之下，當我們處於「兩者皆對」模式時，**會對別人的經驗充滿好奇和接納**，感覺像是更好了解別人的機會。我們以開放的態度接近，因此對方也放下了防備。雙方都感覺到被看到和聽到，就有機會加深連結。

關於婚姻、商場和友誼的研究一再顯示，當我們處於理解——「兩者皆對」的模式時，關係能發展得更好。例如，心理學家約翰和裘莉．高特曼（John and Julie Gottman）的研究發現，接納兩種觀點同時合理，是成功婚姻關係的核心支柱。在一項關於兩種傾聽方式的研究中，臨床心理學家費依．道爾（Faye Doell）證明「為了理解而傾聽的人」，比起「為了回應而傾聽的人」在整個關係中的滿意度都比較高。神經精神病學家丹尼爾．席格（Daniel

Siegel）是《教孩子跟情緒做朋友》（*The Whole-Brain Child*）一書的作者之一，他經常提到在人際關係中「感到受重視」的重要性。他將此描述為「我們的思想被容納在另一個人的思想中」，但最終他說的是與他人的經驗相連結。研究甚至發現，優秀的企業領導人傾聽並且肯定他們的員工，更甚於對他們下達指令。換句話說，他們真正了解員工面臨的現況，而不是試圖說服他們管理層總是正確的。

作為個人，當我們以「兩者皆對」的觀點對待自己的內心獨白時，也更能扮演好角色。多重性允許一個人認知到我可以愛孩子，同時渴望獨處的時間；我可以感激有一個溫暖的家，同時嫉妒那些擁有更多育兒支援（和資源）的人；我可以是好父母，也可以有時對孩子大吼大叫。能夠同時體驗許多看似對立的想法和感受，知道可以同時體驗好幾種真相，是建立健康心理的關鍵。心理學家菲利普．布隆伯格（Philip Bromberg）說得可能最貼切：「健康是站在現實之間而不失去任何現實的能力——感覺自己是一個個體而又是許多人的能力。」當我們注意到體內的多種感覺、思想、衝動和感覺，而沒有任何一個「占據」我們時，我們處於最佳狀態。當我們在各種體驗中定位**自我**時（「我注意到一部分的我感到緊張，一部分的我感到興奮」或「我注意到我既想對孩子們大聲吼叫，也知道要深呼吸放輕鬆」）。換句話說，當我們能認知到兩件（或更多）事情同時成立，就能夠成為最健康的自己。

以「兩者皆對」的模式教養孩子，可以幫助引導我們成為更堅強的成年人。我總是試圖同時掌握兩個現實：我可以用一種對我和孩子都感覺良好的方式來教養孩子，包括設定明確的界限和溫暖的連結，以提供孩子今天所需要的東西，並為他們將來的韌性打好基礎。在更微觀的層面上，「兩者皆對」似乎總是問題的解答。我可以拒絕給孩子看電子產品，而孩子也可以對此感到不滿；我可以對孩子撒謊感到生氣，但同時好奇他為什麼不敢告訴我；我可以理解孩子的焦慮是不合理的，但仍然關心他需要什麼。也許最有力的是：我可以吼叫，但仍然是充滿愛的父母，我可以犯錯，並且加以修復，我可以後悔所說的話，並在未來做得更好。

「兩者皆對」可以幫助任何人理解這個經常讓人感到矛盾的世界，對於孩子來說尤其重要。孩子需要感覺到父母認知並允許他們的感受，**而且**他們的感受不會大到難以承受、影響決策。對我們大多數人來說，這就是目標。作為父母，我們可以做出自認為最好的決定，**同時**關心孩子對這些決定的感受，這是兩件完全不同的事，努力維持這兩個事實，努力允許這兩種現實同時存在，是與孩子建立理解和連結的關鍵所在。

讓我們在成人關係的背景下探索這個觀念。你今年的工作表現可圈可點，在年度評估中，你被承諾會得到遲來的加薪。但主管（老闆）在會議上分享了一個消息：「我們的預算被大幅削減，必須讓一些人離職。你保住了工作，但今年我沒辦法幫你加薪。希望明年可以！」

暫停一下，問問自己。你對主管有什麼感覺？失望？感激？高興？生氣？這很讓人困惑，對吧？我的看法是：**兩者皆對／兩件事同時成立**。「我很高興仍然保有工作，**但同時**對沒有得到承諾的加薪感到失望。」讓我們分開來看發生在你主管身上和發生在你身上的事情。主管做出了某些決定：我可以讓這名員工保住就業，但今年不能給他加薪。你有某些情緒感受：失望、背叛、憤怒，或許一些欣慰。你的憤怒不會改變主管的決定，同時，主管的邏輯也不會改變你的感受。兩者都有道理，兩者都是真的。

我們不必選擇單一的真相。事實上，在生活的大多數領域存在多重現實，這些現實並不完全一致，它們只是共存，而我們最好的面對方式就是承認所有這些現實。你對仍然擁有工作的感激之情，不需要壓過你未能得到加薪的失望之情；你對薪水的不滿，並不妨礙你對仍然擁有一份工作的欣慰。

我們繼續看下去。隔天，主管看到你臉色沉重，而且只能認定**單一事實**。他走近你說：「這次沒有辦法幫你加薪。拜託，你應該感謝你還有工作。」你會有什麼感受？內心發生了什麼變化？你可能會注意到內心自責的情緒洶湧而來（我怎麼了，怎麼這麼自私！）或對外的責備（我的主管怎麼這樣，這麼以自我為中心！），或者你可能感到憤怒或被低估。如果不加注意，這些感覺很可能會導致你對工作和主管的怨恨，最終，你會變得沒有動力去做出最佳表現。為什麼單一事實的感覺如此糟糕？為什麼單一事實會引發一連串不太理想行為的連鎖反應？

我們的內心，都希望別人承認我們的經驗、感受和真相。當感受到他人的關注時，我們可以控制自己的失望情緒，內心感到安全和良善，可以考慮別人的觀點。如果你的主管**關注到**你的經歷，並說：「我真的沒有辦法幫你加薪……但我明白你很失望，換作是我，也會有同樣的感受。」這時的情緒就會完全改變。主管甚至不需要為無法給你加薪而道歉，只要他相信並明確承認兩個事實同時成立——加薪是不可能的，而你對此的負面情緒是合理的——你們都能夠摒棄前嫌，繼續前進。

「兩者皆對」是一個基本的教養原則，因為它提醒我們要將孩子和共同教養者的經驗視為真實、有效和值得關注與連結的。同時，它也允許我們將自己的經驗視為真實、有效、值得關注與連結的。它提醒我們，邏輯不能壓倒情感：我可能有一個合理的理由去做某件事……但別人也有一個合理的情緒反應。兩件事同時成立。

在許多我們將要討論的教養困境中，都會出現「兩者皆對」的原則：如何在孩子反抗的情況下保持界限、如何擺脫權力鬥爭、如何處理孩子的無禮行為、如何在教養感覺困難時維持理智與平衡等。接下來我會舉幾個例子，但希望你也能開始把這個概念應用到生活的其他領域。事實上，這種更廣泛的應用是我對你期許的最終目標。是的，這是一本教養書，但它的核心是一本關乎人際關係的書。我與你分享的原則適用於你與孩子的關係，也適用於你與另一半、朋友、家人的關係，也許還有最重要的……與自己的關係。因此，當你閱讀以下的例子時，請停一下問自己：「在我的生活中，哪些地方可以應用這個概念？」相信你自己去試驗，無論何時、何地，都可以將「兩者皆對」付諸行動。

在面對孩子抗議時堅守底線的「兩者皆對」

這裡有一個常見的矛盾點。你的孩子想看一個節目或電影，但你認為不適合他的年齡。他很不高興，堅稱他所有的朋友都看過了，說你是最糟糕的父母，他再也不會和你說話了。

你的決定：我的孩子不能看這個節目／電影。
孩子的感受：難過、失望、憤怒、被冷落。

如果只能有一個感受是真的，那麼孩子的感受很可能會蓋過你的決定。而如果你告訴自己，**關心**孩子的感受必須與你的決定掛鉤，那麼你肯定會改變主意，以證明自己是好的、有愛心的父母。

但如果這兩件事同時成立，都是真的呢？現在你可以做到兩者兼顧：我堅持自己的界限，我的孩子還不能看這部電影，**但**肯定我的孩子感到難過、失望、憤怒和被冷落。

當你做出一個自己相信的決定，但知道會讓孩子不高興，你可以對孩子說：「親愛的，這兩件事都是真的。第一，我決定你不能看那部電影；第二，你不高興，而且對我感到不滿。我聽到了，也能理解它，你有權生氣。」你不必在堅持決定和表達關愛之間做選擇。做你認為正確的事，同時承認孩子的真實感受，不需要權衡，兩者可以兼顧。

當然，這裡還有一個「兩者皆對」的例子：你可以為自己的「兩者皆成立」方法感到高興——「耶，我做到了！我是教養方面的贏家！」——而你的孩子仍然感到難過。畢竟，這些不是能立即解決問題或緩和情勢的神奇話語，但它們是能幫助你承認孩子的人性並建立具有長期利益連結的話語。

所以，父母的好教養並不總是能帶來孩子的優良行為作回報。那麼，接下來該怎麼辦？假設你說了「你有權生氣」這句話，兒子就尖叫起來，「我很生氣！我恨你！」首先，讓自己安定下來，內心肯定自己的觀點（我知道我做了正確的決定，我相信自己）。接著，繼續承認孩子的觀點——他的事實：「唉，我知道你很生氣。我能理解。」現在，堅守你的界限。如果你覺得有機會，可以自由地補充。「我們還有很多其他的電影可以看，如果你想選擇其中的一部，告訴我吧。」或者「我想知道今晚還有沒有其他事情可以讓我們感到開心？」但請記住，你已經為你們兩個人做了必要的工作。

擺脫權力鬥爭的「兩者皆對」

在權力鬥爭（糾紛）中，「兩者皆對」的原則幾乎總是失效，因為此時變成了你與孩子對抗的時刻。以下舉一個關於外出是否要穿外套的例子。

家長：「你必須在外出之前穿上外套！」

孩子：「不用！我不冷，我想這樣出去！」

你們可能認為彼此正在談論有關「穿外套」的問題，但實際上你們都在追求**被理解**的感覺。作為家長，你希望孩子知道你很關心他們的健康。你的孩子則希望展現自己的獨立性，能夠掌控自己的身體。當我們感到自己沒有被認可時，便無法解決問題。因此，在這種情況下，你的首要目標不應該是解決問題，而是要重新找回「兩者皆對」的心態，因為只有當我們感到在自己的體驗和願望得到了真正的認可時，我們才能放下防備心。畢竟，相較於任何特定的決定被接受，我們更在乎被理解，這是最重要的事。

在這種情況下，一旦我們回到「兩者皆對」的概念，就能從「你我對抗」的心態轉換為「你和我對抗問題」的心態。這至關重要，因為此時我們站在同一陣線，凝視著同一個問題，一起找尋解決問題的方法。

讓我們重新來看這個例子。

父母：「你必須在外出之前穿上外套，現在天氣很冷！」

孩子：「我不冷！我不會有事的。讓我出去！」

父母：「好，等一下。讓我冷靜一下。讓我整理一下現在的情況……我擔心你會著涼，因為外面風很大。你告訴我，你覺得你的身體不會感到那麼冷，你很確定自己沒問題，對嗎？我的理解正確嗎？」

孩子：「對。」

現在有很多的可能性，對話中開始有了空間。讓我們繼續看看兩種不同的選項。

父母：「嗯……我們能做什麼？我相信我們可以想出一個讓大家都滿意的辦法。」

孩子：「我可以帶著外套出去，如果我冷了，我就把它穿上？」

父母：「好，這是一個好棒的方法。」

當孩子們感受到被理解，感覺到父母是隊友而不是對手，當他們被要求合作解決問題時……好事就會發生。現在，讓我們假設你堅持讓孩子穿上外套才能外出——外面零下十五度，風速每小時九十公里。這已經無關管控，而是一個關乎安全的問題。

父母：「嗯……我們能怎麼做？作為你的父母，我的職責是保護你的安全，而現在的情況，安全代表穿上夾克。同時，你喜歡自己做決定，而由父母來告訴你該怎麼做，感覺並不好受。」

孩子：「我不要穿那件夾克！」

家長：「我了解你的感受。有兩件事同時都是真的：如果你要出門，你必須穿上外套……但同時，你可以為此對我生氣，你不必喜歡穿它。」

即使在我單方面的決定中，我也承認了孩子的經驗。我不試圖說服孩子，只有一件事是真的，那就是天氣很冷，唯一「合乎道理」的事情就是穿上夾克。我說服自己，穿外套很重要，我設定了一個界限，即要出門就必須穿外套，然後我表達理解孩子的感受，允許他們擁有這樣的感受。我做出了決定，孩子有他們的感受。沒有人是對的。兩件事同時成立。

回應孩子無禮的「兩者皆對」

這是我從讀者和案主那裡經常聽到的情況。當你告訴孩子在飯前／睡前／上學前不能使用看手機或電視，他卻大喊：「我恨你，你最爛了！」

好的，深呼吸。讓我們先了解發生了什麼事。如果孩子的表面行為是他內心感受的一個窗口，那麼他失控的話語就是他感到失控的跡象。請記住，你的孩子內在是良善的。不良行為來自於我們無法管控情感失調。而什麼能幫助我們管理無法控制的情緒呢？那就是連結。

讓我們再試一次。

孩子：「我恨你！你最爛了！」

父母：深吸一口氣。對自己說：「我的孩子內在不開心。他的外在行為並不代表他對我的真正感受。他是一個好孩子，只是正在經歷挫敗。」然後大聲地說：「我不喜歡這樣的話……你一定是很生氣，也許對其他事也很不滿，才會這樣對我說話。我需要冷靜一下，你也需要冷靜一下，然後我們再來聊。」

這樣的情況下，你說出了讓你感到不悅的行為，但你沒有讓它作為事實占據主導地位。即便孩子行為無理，但你承認他的感受是真實的。

應對不良情緒的「兩者皆對」

或許最有力的是，當我們開始陷入「我是糟糕父母」的想法時，不論是內疚、自責、擔心我們毀了孩子，「兩件事同時成立」的原則非常有幫助。

當情況變得棘手時，我提醒自己這個最終極的「兩者皆對」聲明：**我是一個好家長，只是正在經歷一段困難（我是正在經歷困難的好父母）**。身為父母，很容易陷入「只有一件事是真的」的心態。「我是糟糕的父母，我搞砸了一切，我做不到，我最糟糕了。」這種自我對話使我們充滿羞恥，當我們處於這種心態時，改變是不可能的。我們將在後面更詳細地討論羞恥，但你現在需要知道的是：羞恥是一種讓我們感到不安的黏性情緒，所以我們越是說服自己**只有一件事是真的，那就是我是糟糕的父母**，我們就越是陷入困境，採取感覺不好的行動，更加確信自己的不值得。

那麼有什麼替代方案嗎？一如既往，我們必須將**行為**（我們做什麼）與**身分**（我們是誰）分開。這並不意味著讓自己脫身或為自己找藉口。這意味著認知到你是良善、優秀的，**而且**你可以透過努力來改善。所以要謹記這個原則，一遍又一遍地告訴自己：有兩件事同時成立：我正面臨困難，但我是好父母，我是正在經歷困難的好父母。

第3章 了解父母的職責

在任何系統中，清楚定義的角色和責任對確保系統順暢運行至關重要。相反的，當成員對自己的角色感到困惑或開始介入其他人的職務時，系統就會崩潰。家庭系統也不例外。沒錯，每個家庭都自成一個系統，其中每個成員都有自己的職責。父母的職責是透過設立界限、肯定和同理來確立安全感；孩子的職責是透過體驗和表達情緒，進行探索和學習。每個成員都必須做好自己的分內工作，孩子不應該對我們的界限發號施令，我們也不應該主導他們的感受。

在家庭系統中，角色和任務有分優先順序，安全性排在幸福感和孩子對我們的滿意度之前。作為父母的首要之務，是確保孩子的身心安全。對孩子來說，沒有什麼比察覺到父母在這方面失職更可怕的了（尤其是當失職源於父母對孩子反應的恐懼時）。孩子會潛意識地接收這樣的訊息：「當我失控時，沒有人能夠介入並幫助我。」當然，孩子並不會因為你介入、保護他們安全而感謝你，但我向你保證，這正是他們所尋求的，**因為這能幫助他們建立成長為健全成年人所需的情緒管控能力**。因此，下一次當你在孩子和兄弟姊妹發生爭執拉開孩子時，或是當你抓住孩子的手腕阻止他們打人時，又或者當你抱起孩子帶他們到房間裡，因為他們失控需要被安撫時，提醒自己：「我的職責是保護孩子的安全，孩子的職責是表達感受，我們都在做各自該做的事，我應付得來。」

如果安全是我們的主要目標，那麼界限就是我們用來實現目標的途徑。有意識地設定界限，能發揮保護和遏止的作用。我們出於對孩子的愛而設定界限，因為我們希望在他們無法為自己做出明智決定時保護他們。我們不會讓幼兒在人行道上走離太遠，因為我們知道他們可能無法抗拒衝向街道的衝動；我們不讓年幼的孩子看恐怖電影，因為我們知道它可能會引發孩子還無法應對的恐懼。孩子需要我們設定明確的界限（不一定是可怕的！），因為他們需要知道當他們還無法保護自己時，我們可以確保他們的安全。

為什麼孩子無法保護自己？簡單地說：**孩子能體驗強烈情緒，卻還無法管控強烈情緒**，而體驗情緒和管控情緒之間的差距會導致脫序行為（例如打人、踢人、尖叫）。腦神經專家丹尼爾．席格和心理治療師蒂娜．布萊森在著作《教孩子跟情緒做朋友》中，描述了為什麼孩子經常情緒失調的原因。他們使用一個兩層樓房子的比喻：樓下的大腦負責我們最基本的功能，如呼吸、衝動和情緒；樓上的大腦則負責更複雜的過程，如規畫、決策、自我意識和同理心。關鍵在於：充滿強烈情緒和感覺的樓下大腦，在年幼的孩子身上已完全建立和運作，但樓上大腦在一個人二十多歲時仍在建設中。整整落後二十多年的時間！難怪孩子經常在規畫未來、反思自我和同理別人方面遭遇困難——這些都是樓上大腦的功能。重要的是要記住：當孩子被情緒所淹沒而無法管控和做出明智決定時，這在兒童發展上是正常的。對父母來說，這固然令人疲憊也很麻煩，但這是正常的。

在這個兩層樓房子的比喻中，父母基本上是樓梯，主要功能是開始將孩子的樓下大腦（強烈情緒）與樓上大腦（自我意識、管控、規畫、決策）連結起來。了解你的職責對實現這個目標至關重要。我們希望孩子感受所有情緒，體驗新鮮事物，而我們的職責是透過教導如何應對生活中的一切，幫助他們建立韌性。目標不是封鎖他們的情感或教導孩子迴避他們注意到的東西，而是教導他們如何管理所有的情緒、感知、想法和衝動；父母是這種教導的主要載體，但不是透過說教或邏輯，**而是透過孩子和我們的共同體驗**。

幫助孩子管控情緒是保護他們安全的一個重要環節（儘管可能被低估），我們可以把它視為控制在孩子內心燃燒的情緒火焰。假如家裡發生火災，你的首要工作是控制火勢。沒錯，家裡的整體防火措施需要加強，但在當下火勢得到控制且你感受到安全之前，這是不可能的。當父母無法設定界限或控制自身的強烈情緒時，就像是眼看著大火在燃燒，而我們把所有的門打開，添柴加油，使火勢蔓延到整個房子。因此切記，首要之務是遏止，先設立界限。

父母透過言語和肢體表達界限。我所指的「肢體」，並不是建議你使用體罰來表達權威或恐嚇──傷害或嚇唬孩子是絕對不行的，絕對、絕對、絕對不行。然而在某些情況下，需要實際「動手」來保護孩子。如果我告訴女兒不能打弟弟，我可能還需要抓住她的手腕，以防止她再次動手。如果我告誡兒子從流理臺下來，而他愛理不理，我有必要親手抱他下來——沒錯，即便他哭喊不停——然後把他放置在一個安全的地方。假如女兒百般不願意坐進汽車安全座椅，尖叫著「不要、不要、不要」，教養界限可能意味我壓著她的身體，替她繫上安全帶。我想用肢體力量來強制執行界限嗎？不，我寧願不要——我寧願多花時間在親子連結和情緒管控的核心問題上，這樣孩子更有可能在一開始就配合（後面章節會更進一步討論這個主題）。但當事情不如預期發展、變得混亂而涉及安全問題時，我們必須盡大人的職責，維護孩子的安全。

了解我們的職責，並不代表總是能輕鬆辦到。不久前，一位接受私人診療諮詢的母親分享了她的故事：「我走進遊戲間，看到芮娜和凱伊和睦地在玩玩具——他們搭建了一個充滿卡車、積木和玩偶的場景。接著，美好如煙火般短暫即逝，孩子很快就因為該怎麼擺放玩具而爭吵起來，芮娜拿起一個又一個玩偶扔向凱伊。我告訴芮娜：『不准丟東西！』但她沒有理會，隨手拿起另一個接著一個朝弟弟丟去。陷入一陣混亂！

這位母親沒做錯什麼。芮娜（或凱伊）也沒犯錯。到底發生了什麼事？問題出在：界限從未被設定。**界限不是告訴孩子不能做什麼；界限是告訴孩子我們將要做什麼**。界限體現了你作為父母的權威，且不要求你的孩子做任何事。在這個案例中，有效的介入方式可能是母親走到他們之間，把玩偶從芮娜的周圍移開，並說：「我不會讓你丟這些玩具。」或者，如果母親不想打亂遊戲間裡精心打造的場景，她會把芮娜抱起來，帶她到另一個房間陪她一會，這些才是界限，光是口頭上說「不准丟東西」並不是，雖然對大多數父母來說這是一種自然反應。

我再提供幾個界限的例子：

- 一邊說著「我不會讓你打弟弟」，一邊將你的身體置於女兒和弟弟之間，以避免打人情況再度發生。
- 一邊說著「我不會讓你拿著剪刀跑」，一邊用手抓住孩子的腰，以避免孩子動彈。
- 一邊說著「看電視的時間結束了，我要把它關掉」，一邊將電視關掉，把遙控器放在孩子無法拿不到的地方。

以下則是幾個看似界限、實則不是的案例，反而像是我們要求孩子替我們履行職責。在這些情況下，儘管我們試圖阻止一個行為，但它通常反而逐步升級——不是因為孩子「不聽話」，而是因為他們的身體感受到缺乏約束力。沒有穩健的成年人保護，會讓孩子的情緒更加失控，更甚原來的問題。

- 「請不要再打弟弟了！」
- 「不要跑！我說過不要跑！如果你繼續拿著剪刀跑，就得不到甜點喲！」

- 「不是說好這個節目結束後你就會去睡覺了嗎？該睡了吧？為什麼你要讓事情變得如此困難？」

在這些例子中，父母要求孩子克制衝動或欲望，然而事實是孩子尚未發展出這樣的能力。我們無法告訴一個正在打人的孩子停止打人、一個正在奔跑的孩子停止奔跑，或是一個正在抱怨想看更多電視的孩子停止抱怨。好吧，或許我們可以（我自己也會這樣說！），但這些請求成功機率很低。為什麼？因為我們無法控制別人，只能控制自己。當我們要求孩子替我們完成成年人的職責時，他們更容易變得失控，因為我們基本上是在說：「我看到你失控了，我不知道該怎麼辦，所以我讓你作主，讓自己恢復冷靜，找回控制。」這對孩子來說是相當可怕的，因為當他們失去掌控時，他們需要成年人提供一個安全、堅實、穩定的界限。這個界限是一種愛的形式，像是對孩子說：「我知道你的內在良善，你只是遇到了困難，失去了控制。我會是你所需要的容器，會阻止你繼續以這種方式行事，會保護你不讓自己的失控占據全身。」

不論男女老少，當我們感到失控時，不都嚮往這樣的支持嗎？需要有人保持冷靜、掌控局面，幫助我們再次感到安全？

當然，父母的工作不僅僅是保護孩子的身體安全，也是他們的情感照顧者。這就帶到另外兩個重要的職責：肯定和同理心。

肯定是指將別人的情感經驗視為真實存在，而不是將其視為我們試圖說服或從邏輯上解決的問題。肯定聽起來像這樣：「你很難過，我看得出來你是真的難過。」**否定**，也就是不承認或忽視別人的經驗或其真實性，聽起來像這樣：「沒必要這麼難過吧，你太敏感了，拜託！」請記住，無論孩子或大人，所有人都深刻需要感受到自己的身分被肯定，而我們的身分認同與那個當下的內心感受有強大關聯。當我們從他人那裡獲得肯定時，會開始管控自己的經驗，因為我們「借用」了某人對真實性的交流。反之，當我們感受到被「否定」時，幾乎總是會進一步讓情緒失控和衝突上升，因為現在我們正在體驗內在真實性被否定的感覺，沒有什麼比這更令人難受的。

父母情感照顧職責的第二部分是**同理心**，指的是我們理解和連結另一個人的感受的能力。我們這樣做的動機來自於假設別人的感受是真實的。因此，先有肯定（「我的孩子正在經歷一段情緒強烈的感受」），接著是同理（「我可以嘗試理解和連結我孩子的這些情緒感受，而不是讓它們消失」）。

同理來自於我們的好奇心，使我們能夠從學習而不是評判的角度探索孩子的情緒體驗。當孩子獲得同理時（事實上不只孩子，當任何人獲得同理時），感覺彷如有人站在他們的一方，幾乎就像那個人在承擔他們的一些情緒負擔；畢竟，只有當這些情緒大到無法管控時，才會以行為爆發的形式表現出來。當有人對我們表示同理時（「唉，這感覺太難了！」），我們就有了丹尼爾．席格描述的那種「情緒被感受的體驗」。我們的身體也感覺到有人在我們的情緒體驗中出現。這使得這種經歷更容易處理——從而建立我們管控情感的能力。孩子一旦強化了管控情感的能力，就比較不會有情緒爆發的行為。這是你的孩子說「我對妹妹生氣！」（管控憤怒）和動手打妹妹（管控失調）之間的區別；這是孩子說「我想跑！」（管控衝動）和孩子抓起一把剪刀跑到走廊上（管控失調）之間的區別；這也是孩子說「我希望現在能再看另一集節目」（管控失望）和崩潰大哭（管控失調）的區別。

同理心和肯定確實能讓孩子內心感覺夠好，但實際上它們的功能更加深入。童年的主要目標之一是建立健康的情緒管控能力。發展擁有情感和管理情感的方法，學習如何在情緒、思想和衝動中找到自己，而不是讓情緒、思想和衝動壓垮自己。父母的同理心和肯定是幫助孩子發展情緒管控能力的關鍵，因此我們不應將兩者視為造成「軟弱」或「過度情緒化」的因素，而是要將它們當成具有分量，值得認真看待的心理素質。

現在我們已經有了全貌，讓我們重新審視之前設定界限的例子，看看如何融入肯定和同理心。

- 一邊說著「我不會讓你打弟弟」，一邊將你的身體置於女兒和弟弟之間，以避免打人情況再度發生。然後說：「我知道你感到挫敗！有一個會四處爬走並且搗亂你所有東西的弟弟是如此困難。我在這裡，我會幫你找到保護積木的方法。」
- 一邊說著「我不會讓你拿著剪刀跑」，一邊輕柔卻堅定地抱住孩子。然後說：「我知道，你想跑來跑去！你可以把剪刀放下去跑，或者完成你在做的事情，然後再去跑。你想選哪一個？哦，你兩個都想做？我了解你的感受，親愛的。（但）我不會讓你做任何危險的事情，即使你對此感到生氣。我就是這麼愛你。你可以不高興。我能明白。」

- 一邊說著「看電視的時間結束了，我要把它關掉。」一邊將電視關掉，把遙控器放在孩子無法拿不到的地方。「你希望能再看一集。我懂你的心情！每次關電視對我也不好受。不然你告訴我明天想看的節目名稱好嗎？我把它寫下來，這樣我們就不會忘記。」

為何界限、肯定和同理心能幫助孩子建立情緒管控能力？界限讓孩子知道，再強烈的情緒也不會永遠失控。孩子需要感覺到父母的界限——我們的一句「我不會讓你……」，以及確實阻止他們危險行為的動作，才能深深地感受到這個訊息：「有股感覺似乎要占據了我全身，要摧毀全世界，它可能壓得我喘不過氣，然而我感覺在爸爸媽媽的界限裡，有辦法可以控制它。這種感覺對我來說既可怕又不堪負荷，但我可以看到父母有能力應對。」隨著時間的推移，孩子們吸收了這種遏制，並讓自己開始獲得這種能力。

另一方面，肯定和同理心是兒童在困境中下找到自己夠好的方式。正如我們所知，我們必須內在感覺夠好才能改變。人們通常會想：「我需要改變，一旦這麼做，我就會感到自己有價值、討人喜歡！」但方向恰恰相反。我們的良好是基礎，使我們能在經歷困難情緒時，不被它們掌控或成為我們的身分。當父母養成肯定孩子的經歷並與之共感的習慣時，基本上是在對孩子說：「你是真實的，你是可愛的，你是良善的。」

身為父母，你的職責內容相當清楚：利用界限、肯定和同理心保護你的孩子，讓他們在情緒和生理上保持安全。那麼，孩子在家庭系統中的職責是什麼？事實上，作為父母，專注於我們自己的職責更加重要，因為這是我們所可以掌控的。但了解系統內的其他角色也很有幫助。孩子在家庭系統中的職責是透過體驗和表達情緒和需求，進行探索和學習。孩子需要學習自己的能耐、安全與危險，以及在家庭中的角色是什麼，有多少自主權，嘗試新事物時會發生什麼。他們透過探索來做到這一點——測試界限，嘗試新技能，與他人玩耍，同時也透過挑戰父母，要求他們想要的東西，偶爾「鬧脾氣」。當你把家庭系統看作一個整體，可以看到這種優雅的職責互動：孩子可以表達情緒，而父母可以對其表達肯定和同理。當這些情緒轉變為危險行為時，我們會設定適當的界限，同時仍不忘肯定和同理。

一旦理解家庭系統的角色，你可以重新調整如何看待孩子的困難時刻。將他們的掙扎視為在履行職責，有助於你記住，這是好孩子在做分內工作，而不是壞孩子在做壞事。我的個人經驗是，以職責來思考家庭成員的舉止，有助於我評估和度過教養的艱難時刻。當我告訴兒子我必須開始工作，然後聽到他尖叫時，我可以對自己說：「表面上看起來狀況似乎一團糟，但等等……我們不都正在盡力做自己的分內工作嗎？」

接著我會確認。在分離前的那段時間，我對兒子說：「寶貝，我知道媽媽要工作時你很難過。這很合理，你喜歡待在媽媽身邊。爸爸會陪你，我們午餐時間就會見面，媽媽會回來。」我設定了對我來說合適的**界限**，透過我的言語表達**肯定**，透過我的語氣表達**同理**。我的兒子抗議、尖叫、哭泣。他盡了他的職責：他體驗並表達了情緒。我回應他：「我知道這很難受，親愛的。你可以不高興。我愛你。」然後離開。肯定、同理心、界限。孩子哭泣。再次強調，體驗並表達情緒。

這樣算是大功告成？某種程度來說，是的。我必須釐清：這對我來說不是一個感到舒服，值得歡呼的時刻，但確認我們扮演好應當的角色是非常踏實的步驟，可以防止父母陷入自責（「我做錯了什麼嗎？」）或怪責孩子的漩渦（「我的兒子怎麼了，為什麼我一離開他就哭？」）。對我所認識的大多數父母來說，只要能更頭腦清晰地度過這些時刻，不再陷入「我是壞父母」的思維迴圈，就是一個巨大的勝利，對我來說當然也是。

第4章 幼年的滋養和傷痕，身體會記住

為何我們在乎教養？為何我們設定界限、容忍耍脾氣、討論感受，並且尋找在行為背後更深層的掙扎？這一切真的有意義嗎？特別是對於年幼的孩子，他們會記得這些幼年的點滴嗎？

是的，教養意義重大，而且，孩子們會「記住」這些幼年時期，包括零到一歲、一到兩歲、兩歲到三歲。當然，他們不會以我們通常所認知的記憶方式去記得，無法透過言語描述與過去經驗連結的故事。但即使孩子無法以言語表達，他們可以而且確實以更強大的方式去記憶：他們的**身體**。在學會說話之前，孩子們根據與父母的互動學習什麼樣的感受是可以被接受或感到羞恥的，什麼樣的感受是可控或不可控的。因此，從幼年時期獲得的「記憶」實際上比成長時形成的記憶更具影響力。**父母與孩子在早年互動時所形塑的藍圖會伴隨孩子一生**，孩子透過這些互動收集資訊，並從中概括出對世界的認知。

我們已經討論過這一點，但值得重申的是：我們早年的人際關係影響了我們覺得自己哪些部分是可愛的，哪些部分不願對外分享，哪些部分感到羞恥。換句話說，孩子在幼年時期

與父母的經歷影響他們對自己的看法，影響他們學習期待別人要怎樣對待自己，什麼感受是安全且良好，什麼感受是具威脅性和糟糕的。例如，如果一個女孩經常被告知「不要這麼敏感」，她會很早就學習到她的感受是「錯誤的」，並把人推開。如果一位父親一再告訴他的兒子「不要哭」，即使在未來的生活中，他無法明確回憶這段記憶，這位兒子也會自然地將脆弱與回拒連結在一起。此外，幼年時期是塑造孩子情緒管控的基礎。正如我們所知，情緒管控是一個人管理和控制情感和衝動的能力。幼年時期的經歷決定了哪些感受是可以被管理和允許的，而哪些感受是「過多」或「錯誤」的。我對教養充滿熱情並不是因為我想在父母和孩子之間創造更多感覺良好的時刻——儘管這也很好——而是因為這些幼年時光奠定了成年後的基礎。對自己感到滿意，能容忍失敗，有堅定界限，有能力自我辯護，與他人建立連結……所有這些重要的成人動力都來自於我們幼年的思維銘刻，幼年時期為之後的長久人生奠定了基礎。

在我們繼續之前，有一個很重要的提醒，那就是人類的大腦具有非常大的可塑性，可以重新連結，解除學習，重新學習和改變。如果你在閱讀完前面幾段之後感到父母愧疚感過度作祟，如果你擔心自己「搞砸了」或「錯過時機」，而你的孩子已經錯過了最重要的時光……深呼吸，向你的內疚打聲招呼，然後提醒自己，你是很好的父母，正在努力改善自己和人際關係，而這實際上是我們所有人能做的最好的事。

在下一個章節，我們將頌揚修復的力量，因為它真實存在而且隨時能展開（這就是為什麼那一章的標題是〈現在為時不晚〉）。但在這一章，我會闡述為什麼幼年時期如此至關重要，這樣我們就可以找到做好教養的動力；如果在任何時候你感到羞恥和內疚，請暫停一下。或許可以跳到第10章〈照顧自己〉，練習一些建議的策略，然後再回到本章，但請記住我們都在盡力而為。假如你的孩子已經長大，過了「幼年」，這點依舊真確且適用。育兒教養並非易事，你做得很好，而且還在繼續努力中。

為了理解幼年時期的影響，我們需要基本理解兩個心理學理論，以進一步解決親子關係的問題：依附理論和內在家庭系統。綜合來看，這兩個理論提供一個框架，讓我們能夠理解幼年時期的重要性，並明白為什麼即使孩子沒有意識地記住這段時光，它們仍然具有關鍵影響。

依附理論

嬰兒天生就有「依附」照顧者的本能動力。心理學家約翰·鮑比（John Bowlby）在一九七〇年代提出的依附理論中，將依附描述為一種接近性系統：**懂得讓被依附者留在身邊**、生理上靠近被依附者的孩子，更有可能得到安慰和保護，這意味著他們更有可能存活。而那些距離依附對象遠的孩子則較不可能得到安慰和保護，因此不太可能存活。正如鮑比所解釋的，依附不僅是一種「有了會更好的事物」，更是一種基本演化機制——畢竟，孩子正是透過依附而滿足所有基本需求：食物、水、情感安全。依附理論認為，孩子天生傾向於尋找並依附於提供他們存活所需的舒適和安全的人。

孩子會因為與照顧者的經驗而形成不同類型的依附關係，所形成的依附類型影響著兒童的**「內部運作模式」**——包括他們與自己和他人互動的思想、記憶、信念、期望、情緒和行為，以及他們在日後追求何種關係。孩子透過親密互動，學習到照顧者對他們的回應頻率、參與度、一致性、修復和反應，進而建立其內部運作模式。孩子會根據幾個問題來篩選與我們的互動：

- 我是可愛、乖巧、令人想要相處的人嗎？
- 我是否會被重視？
- 當我沮喪時，可以期待別人做些什麼？
- 當我不知所措時，可以期待別人做些什麼？
- 當意見不合時，我可以期待別人做些什麼？

孩子透過這些問題的答案，來形成自己被允許存在的身分，以及世界運作的基本觀念。我們可能認為自己是在要求孩子停止玩手機或早點就寢，但孩子並不會將這些細節放在心上，他們關注的是在一段關係中，是否能夠安心表達可能導致困難考驗的渴望和感受。

記住，孩子們在學習關係如何運作的同時，也被鎖定在與父母的關係中。他們完全依賴我們生存，並深知這一點，所以他們收集關於身邊環境的數據，然後根據此進行自我調整，以最大限度地實現依附，讓父母盡可能靠近身邊。這一切都意味著我們對孩子的需求做出的反應方式，我們承認他們內心的情緒範圍，我們如何持續地為他們「挺身而出」，我們在艱難時刻後是否與他們修復，我們是心平氣和還是反應強烈……這些行為都有漣漪效應，影響遠超出家庭關係。

這裡有一個重要的啟示：孩子會自我調整以適應他們的幼年環境，並依據他們所接收到的資訊形塑對世界的期望。這種幼年時期的自我調整會影響到他們在成年後如何看待自己和他人。讓我們來看一些例子，了解早期互動如何帶來更廣泛的「依附領悟」。當然，這些是概括性的陳述，不是基於單一個特定的時刻，而是假設這些時刻代表了一個一致的互動模式。

孩子的行爲：上學時間，孩子在校門口哭泣，不捨與爸媽分離

父母反應1：「別再像個嬰兒！」

依附領悟1：「當我感到脆弱時，會被嘲笑和忽視。我必須把脆弱藏在親密關係之外，這裡並不安全。」

父母反應2：「今天要說再見很難，我明白這一點。有些日子就是這樣。我知道你在學校很安全，我們也都知道爸爸一定會回來接你下課。待會見。」

依附領悟2：「我可以期待別人認真看待我的感受。當我感到脆弱和不安時，我可以獲得肯定和支持。在親密關係中，脆弱是安全的。」

孩子的行爲：孩子在發脾氣，希望早餐吃冰淇淋

父母反應1：「你發脾氣的時候我不跟你說話。你光回房間冷靜下來再出來！」

依附領悟1：「當我想要某些東西時，我會把人推開，我會變得討人厭，被遺棄並孤單一人。只有在我很容易相處和順從的時候，別人才願意和我在一起。」

父母反應2：「寶貝，我知道你希望早餐吃冰淇淋。現在沒有辦法，但你可以為此感到不開心。」

依附領悟2：「我可以有自己想要的。在親密關係中，想要自己的東西是被允許的。」

孩子的行爲：孩子正猶豫是否參加生日派對，緊抱著媽媽不放

父母反應1：「這裡每個人你都認識。來吧！沒什麼好擔心的！」

依附領悟1：「我無法信任自己的感覺，因為它們是荒謬和誇大的。別人比我更清楚我該如何感覺。」

父母反應2：「這件事讓你感覺心情複雜。媽媽信任你。慢慢來，等你準備好我們再進去。」

依附領悟2：「我可以信任自己的感覺。小心翼翼是被允許的。我了解自己的感受，也可以期望其他人尊重和支持我。」

從出生的第一天開始，我們的孩子學習什麼能夠拉近與人之間的距離，什麼會導致疏離，然後相應地調整他們的行為，一切都是為了建立安全的依附關係。透過「第一種父母回應」（假設這些是常見的互動模式），孩子領悟到某些感受對依附關係**具備威脅**。然後，孩子會透過羞恥或自責的機制，試圖關閉這些體驗，因為它們直接影響到存活。

透過「第二種家長反應」（再次假設這些是概括性的互動模式），孩子領悟到他的感覺是真實具有意義，在親密關係中是被允許的。但我們必須明確了解，「第二種家長反應」不

會立即帶來解決方案，孩子的淚水和尖叫聲不會突然結束。然而，有兩件事會發生：你會注意到一個短期效益，因為孩子將逐漸建立管控能力，可能很快會幫助他處理失望情緒。而且毫無疑問，你會發現到長期效益，因為你正在幫助孩子建立自我信任、接受、和對他人抱持開放態度，而不是羞恥、自我厭惡和自我防禦。

快轉數十年過後，孩子的內部運作模式和依附系統仍然是基於他從與父母互動中學到的知識，只是現在他將自己所學應用到其他親密關係。他可能會想：「在親密關係中，我的脆弱不被接納，我只能依靠自己。」或者「除非我能確定對方會應我所求，否則我不被允許向對方要求什麼——這對在關係中感到安全和良好至關重要。」如果我們希望孩子尋找能夠平衡依賴和獨立的關係，能夠感到與他人親近卻仍不至於失去自我的關係，能夠表達脆弱並得到支持的關係，那麼我們必須現在就投入，在孩子的幼年時期就開始努力。孩子越對父母感到安全可靠，他在這個關係中能感受到的感情範圍越廣，成年後的人際關係就能越安全可靠。

那麼，我們現在該如何與孩子建立安全的依附關係，以促進他們日後與他人建立安全的依附關係呢？一般而言，若與父母之間的關係包括適時回應、給予溫暖、可預測性和當事情變糟糕時的修復，孩子就有一個「安全基地」。當孩子把父母視為自己的安全基地時，他會感到世界上有安全感，一種「如果出了問題，有人會陪伴我、安慰我」的穩定力量。因此，他會感到自己有能力去探索、嘗試新事物、承擔風險、遭受失敗、展現脆弱。這裡有一個深刻而關鍵的矛盾：我們越能依賴父母，就越能保持好奇心和探索精神；我們越信任與父母的安全關係，就越能保持自我安全感。換句話說，依賴和獨立不一定是對立的，反而是一股力量促成另一股力量——兩件事都是真實的！**孩子越感到自己可以依賴父母，就越能獨立自主。**父母理解我們、支持我們、不評價我們、在事情變得糟糕時安慰我們，對此感受的強大信心，是讓孩子發展成有自信、主見和勇敢的成年人的關鍵。

內在家庭系統（IFS）

內在家庭系統（Internal Family Systems, IFS）是一種心理療法，它認知一個人的內在由許多個部分所組成，而不是以單一的方式看待一個人。內在家庭系統的基本假設是，心靈的本質被畫分為不同部分或子人格。想想自己，也許你對熟悉的人很外向，但在新環境下卻很拘謹；也許你在必要時為自己挺身而出，但當別人帶頭時，你又可以退居一步；也許你在工作上充滿自信，在社交場合中卻比較拘謹。你有勇敢的自我、焦慮的自我、自信的自我、恭敬的自我。你是一個多面向的人，沒有任何一個部分比其他部分更差勁或優越——你是所有這些部分的總和。當其中一個部分出現問題時，你越是掌控自如，就越能在各種情況下與自己相處。我們的自信、韌性和自我意識取決於我們理解這一點的能力。當我們感到不知所措並變得反應過度時，幾乎總是因為某一個部分占據了主導地位，我們失去了對自我的掌握，逐漸被這些感受占據。

理解「內在部分」，使我們能夠在內在和外在表達我們的矛盾情感，至少是共存的情感：在經歷困難時感到踏實，當糾結時感到有個中心，當憤怒想法浮現時知道自己是個好人。在我的私人診療中，我一次又一次注意到，認知「內在部分」給成年人帶來自由、同理、解脫和調控艱難體驗的能力。我看到了它的強大力量，所以我熱衷於對年幼孩子幼兒灌輸「內在部分」的知識，以便從早期開始連結感覺、情感和思想的部分，而不是讓經驗占據和消耗我們。

當我們把內在家庭系統和依附理論結合起來看時，便開始對孩子的早期發展有了更細膩的理解。依附理論認為，為了生存和滿足自身需求，孩子必須學會依附父母。因此，孩子透過「什麼可以最大化我的生存」的視野來看待他們的環境。當我們把這種理解與內在家庭系統的論點結合起來時，我們的視野會變得更加細膩。**「我的哪些內在部分可以得到連結、關注、理解和接受？**我應該多做這些，因為它能最大化提高依附，從而最大化生存能力！」哪些部分是好的，可管控的，有助於與他人親近，它們充滿了連結？**我的哪些內在部分**會遇到斷連和疏離？我應該把我的這些部分藏起來，因為它們威脅到依附，從而威脅到生存。這些部分是差勁的、讓我喘不過氣，感到不能被愛，它們是無法創造連結的。

孩子根據與父母的互動來學習這些「領悟」——當然不是透過言語，而是透過經驗。他們看到什麼會讓父母微笑、發問、擁抱和現身（例如：「你可以有這種感覺，多告訴我一些，我在這，我在聆聽」），以及什麼會讓父母施加懲罰、拒絕、批評和疏離（例如：「馬上回你的房間去！當你這麼做，我不會陪在你身邊。」）。正如內在家庭系統療法的創始人心理學家里查．史華茲寫道：「孩子有一種發展傾向，可以將經驗轉化為身分認同：我不被愛，成為我不值得被愛，差勁事發生在我身上，我很差勁。」換句話說，孩子從與他們的照顧者的經驗中，推斷出關於自身的更重大資訊。父母連接到的情感，也就是我們感興趣並會現身參與的，告訴孩子感受到這些情感的部分是可管控、可愛且值得的。反之，如果我們關閉、懲罰、拒絕或試圖使之變得「更愉快」的情感，孩子則學會了這樣的感受是具破壞性、差勁、不可愛，或難以負荷的。

這就是為何**將行為與潛在情感和經驗區分開來如此重要**。控制一個失控、展現「脫序行為」的孩子固然重要，但認知到行為背後，是一個處於痛苦、有需求未被滿足、迫切需要連結的孩子，這一點也很關鍵（或用內在家庭系統的語言來說，這是孩子的一部分）。孩子將親子之間的互動解讀為他們應該成為什麼樣的人，而不是特定時刻的反應。因此，當你的孩子說：「我討厭弟弟，把他送回醫院！」而你大喊：「不准這樣說你弟弟，你愛他！」他們學到的領悟並不是他們的話不恰當，而是嫉妒和憤怒是危險的情緒，他們根本不應該有。

這就是為什麼區分孩子的行為（可能不當的）與孩子的身分（內心善良）是如此關鍵。我們當然不希望孩子打人（行為），但同時希望孩子有權利憤怒（感受）；我們當然不希望孩子在商店裡大聲發脾氣（行為），但也希望孩子能保持嚮往所求和為自己發聲的權利（感受）；我們當然不希望孩子晚餐只吃穀片（行為），但確實希望孩子相信，他們對自己的身體有主權，能夠感覺到內在美好（感受）。如果我們不確實地肯定孩子行為底下的感受，並向他們表明即使當他們表現失序，我們依然愛著他們，孩子會把行為和感受合為一體，他們將學會依附安全取決於否認行為下的**感受**，進而導致長期人際關係模式破碎的問題。

沒錯，幼年時期很重要，它培養孩子成為自信、獨立、有自覺並擁有健康人際關係的成年人……但也不是絕對。沒有什麼事情是那麼簡單明瞭，而且在人生的各個階段都有機會培養這些品質。即便如此，在你與孩子相處，感到精疲力竭，懷疑所有辛勞是否值得時（因為養育幼兒真的很辛苦），請安慰自己，知道它絕對值得，你所付出的努力永遠值得。

第5章 現在為時不晚

家長最常問我一個問題：「現在還來得及嗎？」我的答案始終不變，「來得及。」因為這是事實。

他們經常堅持：「但我的孩子已經三歲了，我聽說出生前三年最重要。」或者「但我的兒子八歲了，我覺得他已經長大了。」或者「我的女兒十六歲了，我感覺錯失了機會。」我有時甚至聽到這樣的話：「我現在是祖父母了。我好希望能以不同的方式對待我的孩子，但為時已晚，對吧？」

讓我再說一遍。絕對來得及。現在開始修復和重新建立親子之間的連結，改變孩子發展的軌跡，永遠都不會太遲。而且對**你**來說也不晚。成年人可以思索自己哪些部分需要修復，重新建立連結，改變發展的軌跡。現在並不遲，永遠不會。

如何聽取新的觀念、如何思考改變自己的行為，以及如何保持對自己的良好感受，這些問題是我教養孩子的核心。我們該如何學習、修復和改變策略，從自己開始，然後是孩子？當我們反思過去如何處理自己的感受和行為時，該如何管理隨之浮現的罪惡感和後悔？管理這種罪惡感，在我們生活中的任何環節，都是改變的難題。但是，鑑於我們是多麼熱愛孩子，並且致力於成為好的父母，我們在教養孩子方面的感受尤其強烈。

教養並不容易，它需要極大的付出，更重要的是大量的自我反思、學習和成長。我常認為教養實際上是我們自我發展和成長的一個部分。有了孩子之後，我們會面臨許多關於自我、童年和與原生家庭關係的真相。我們可以利用這些訊息來學習、去除錯誤、打破循環並療癒，但同時，我們必須在照顧孩子、應對暴躁、疲憊不堪和感到空虛的情況下進行這項工作。這是非常困難的。或許我們該花點時間肯定這個巨大挑戰。請把手放在心上，對自己說：「我既在努力改變自己，也在努力照顧家人。我正試圖重塑那些對我無益的模式，同時也試圖讓孩子從一開始就具備韌性和自我感覺良好的特質。哇，我真的在做很多事情。」

我希望你能反覆閱讀這一章，特別是當你的自責感上升（一切都是我的錯）、感到走投無路（我把孩子的一生搞砸了），以及覺得希望破滅時（我們的家庭永遠無法改變），它將助你重新立足，掌握自我，提醒你改變和修復是可能的。

大腦的重塑能力

有兩件事千真萬確：大腦在孩童時即開始組建，而且它具有非凡的重塑能力。**神經可塑性**是指大腦在認知到需要適應時，重新學習和改造自己的能力。大腦在整個生命週期中都會繼續發展；身體是為了保護我們而存在，因此，如果大腦認為過往的生活方式已經無法滿足我們的需要，它會納入新的模式、新的信念、新的處理和應對世界的系統。隨著年齡的增長，改變變得更加困難，但老狗也能學會新的技巧。

孩子正在發育中的大腦是依親子關係所形成的，內側前額葉皮質的發育與情緒調節、認知靈活性、同理心和聯繫感息息相關，深受與照顧者的依附關係影響。換句話說，孩子的幼年經歷對其大腦發育有巨大的影響。然而，從研究中我們也得知，依附關係並非命中注定：一個在不安全依附關係下長大的孩子，成年後可以被重塑為安全依附。心理學家路易斯・科佐利諾（Louis Cozolino）確立了治療在神經可塑性過程中的作用：與治療師建立安全的依附關係可以導致大腦的重塑，進而改善情緒管控和應對壓力的能力。我們可以把這個原則應用到家庭中，因為我們知道父母可以努力發展與孩子更安全的依附關係。當父母願意改變，願意放下心防，與孩子一起省思、修復過去讓他們感到不快的時刻時，孩子的大腦可以重塑。

我們的大腦也有驚人的學習能力。幾十年的研究已經確立了大腦會隨著環境而產生變化。神經科學家瑪麗安・戴蒙德（Marian Diamond）在七〇年代初期首次發現，充滿疏忽的環境會導致大腦萎縮，而豐富的環境會促進大腦成長。隨著環境變化，大腦也在變化。最近的一項研究在育兒方面證實了這種效應：主題是教養方式如何影響兩歲至十一歲的孩子，研究發現只要干預措施隨著孩子的成長改變，不同的教養方式同樣有效。幫大孩子或嬰幼兒訓練新技能時，與時俱進的教養方式也同樣具有影響力。這個結論令人充滿希望，當我們擔心自己造成的「損害」時，這是一個很好的結論。關於育兒變化和干預的時間，研究作者寫道：「重要的是，我們的發現永遠不應被用來當作延遲干預的理由，否則孩子和家庭將因此受苦。對於減少兒童行為問題常見的育兒干預措施，我們不應該相信『越早越好』，而應該得出『永遠不嫌早，永遠不嫌晚』的結論。」

由於父母是孩子成長環境中最重要的固定因素，當父母改變時，孩子的神經連結也隨之改變，這並不足為奇。研究已經證實，當孩子遇到困難時，對孩子進行治療並不見得能取得最顯著的效果，而是對父母進行輔導或治療，才能導致孩子的最大改變。**這是一項強有力的研究**，因為它表明，孩子的行為（孩子情緒管控模式的表達）與父母的情感成熟度發展有關。有兩種方式可以解讀這個數據，第一種是：「哦不，我正在搞砸孩子的人生，因為我本身就是一團糟，我是最差勁的爸媽！」但有另一種更樂觀和鼓舞人心的解讀：「哇，太棒了。如果我能改善自己的情緒管控能力（這對我來說也是有益的！），那麼孩子會因此改變。多麼令人振奮！」

我經常告訴家長：孩子遇到困難並不是你的錯，但作為家庭系統中的成年人，你有責任改變環境，讓你的孩子能夠學習、成長和茁壯。孩子的大腦會依據我們與他們的互動做出反應而重塑。我們現在已經知道這一點。如果我們繼續重複做相同的事情，毋庸置疑，我們將強化已經形成的任何模式。然而，如果我們反思、成長和嘗試新事物，並改變與孩子交流的方式，那麼我們既是在幫助孩子發展新的迴路，同時也在幫助自己。這是你身為父母的職責。你是一個勇敢反思、成長和嘗試新事物的人，這也是我在這裡的原因。我沒有想通所有的事情，我自己也有許多焦慮和過度反應，但我認為自己是這一個由循環破壞者和終生學習者所組成的社群的一員。

修復的力量

世上沒有完美的父母。所有父母都會有與孩子相處不順暢的時刻：失去冷靜、對孩子說了後悔的話或投以批判的目光。深呼吸，我們都經歷過，沒什麼大不了。關鍵在於接下來的反應。我們的教養方式不應由這些挫折定義，而是由我們是否在這些經驗後與孩子建立連結，並探索這些時刻對他們的影響，努力修復關係。

當我們自問「現在還來得及嗎？」時，我們假設與孩子的親子關係已經蓋棺論定，這樣會忽略一個重要的事實：我們總是可以疊加新的經驗，而這些新經驗將改變該章節的結局。比如說，你今天過得不順，而此刻孩子正在抗議你「現在不准吃零食」的決定，你忍受不住對他喊道：「你為什麼這麼難搞？你是個不懂得珍惜、被寵壞的孩子，我不知道該怎麼應付你！」孩子聽了以後邊跑回房間邊大喊：「我討厭你，我討厭你，我討厭你！」好的，首先深呼吸。如果你正在想著「對，我也說過類似的話」「哇，她昨晚有來過我家？」「這是貝琪博士的例子？我失控得更嚴重好嗎！」「我失控的樣子完全不同」——不管怎樣，讓我告訴你：我仍然認為你是好父母，你閱讀本書是為了變得更好，所以請聽我接下來的重點。

現在你的孩子獨自在房間裡，他的內心在經歷什麼？主要是強烈的苦惱，他失去了自我調節，身體被這股沉重感壓制到不知所措，處於生理上的威脅狀態（這種感覺太難受了，我感到不安全）。他的身體必須找到再次感到安全和穩定的方法……但他獨自一人，沒有可信賴的成年人幫助。獨自承受強烈苦惱的孩子往往依賴兩種應對機制：**自我懷疑和自我責備**。透過自我懷疑，孩子會否認自己的經驗，試圖再次在環境中感到安全。他們可能會對自己說：「等等，媽媽並沒有對我說那些可怕的話，那不可能發生，不可能的……沒錯，一定是我記錯了。畢竟媽媽還沒有道歉，甚至沒有對我說過任何話，如果她說了那些話，肯定會向我道歉。」

孩子使用自我懷疑，來保護自己免受如果接受現實所引起的難以承受情緒。他們這樣做是因為獨自承受自己的感受太難受了，而自我懷疑提供了一種逃脫和自我保護。然而，孩子正在訓練自己相信：「我無法準確地感知事物，我反應過度，我不能相信自己的感覺，其他人對我的現實有比我更好的了解。」這是一個可怕的迴路，因為它導致青少年和成年人無法相信自己，不能找到直覺，這樣的孩子使用別人對待他們的方式，來定義自己是誰和他們該得到什麼。

當父母在孩子面對困難時刻卻不嘗試重新連結時，自我責備是另一個常見的應對機制。

自責讓孩子感覺有主控權，因為只要他能說服自己，自己是一個做壞事的壞孩子，只要他能變得更乖更好，便會感到更安全……如此一來，孩子有一個可行的選擇來改變。精神科醫生羅納德．費爾貝恩（Ronald Fairbairn）可能說得最好，他在談論兒童和兒童發展時寫道：「在一個由上帝統治的世界裡做一個罪人，總比生活在一個由魔鬼統治的世界中要好。」如果孩子不能依靠成年人來幫助他們、在面臨困難的時刻現身、修復和重新連結……那麼會感覺世界相當不安全。對孩子來說，內化自己的壞，讓自己覺得「我從內心就是壞」，會讓他感到安心，因為至少這樣他可以堅信周圍的世界是安全和良好的。

然而，這或許就是為什麼我們會陷入「是否為時已晚」的疑惑。我們把自責（我是糟糕的父母）加到難以應對的時刻裡，由於我們被自己的不夠好所吞噬，所以無法做出有成效的改變。讓我們以不同的方式培養孩子，並同時重塑自己的思維。

這就是為什麼「修復」是我最喜愛的教養概念之一。我們當然可以努力改善自己的情緒調節能力，學習教養技巧和策略……但目標永遠不是要做對，那根本不可能。我經常告訴父母，最值得追求的目標可能是真正做好「修復」工作。這意味著坦誠面對父母會繼續採取不總是讓孩子感到舒適的方式，父母也會繼續遇到困難且不協調的時刻。但是，如果我們學會了回到孩子身邊，不帶防禦地表明我們關心他們在那些「裂痕時刻」中所經歷的不適，那就做到了最重要的教養工作。

修復是什麼模樣？

修復沒有一個單一正確的方法，關鍵是在連結斷開後的連結，即在一個情緒失控反應之後，父母平靜而充滿同理的存在。當我們回到一個感受糟糕的時刻，添加連結和情感安全感，我們實際上改變了身體中的記憶，記憶不再有如此壓倒性的「我感到孤單，而且內心糟糕」的標籤。現在更加細膩，因為我們在批評之上添加支持，在吼叫之上添加溫柔，在誤解之上添加了理解。人改變身體記憶的能力是相當驚人的，這也是我積極修復親子關係的動力。

我將在本書的第二部分重新討論修復的細節，包括處理這些棘手時刻的較長腳本。但我想先提供一些基本的要點：向孩子道歉，與孩子分享你的反思，重新敘述你對所發生事情的記憶，以便讓孩子知道這並不是他的憑空想像，然後說出你希望當時能有什麼不同的處理方式，以及你打算現在和未來的不同作法。重要的是要對自己當時的行為負責（媽媽當時情緒失控，以大聲吼叫的方式表達。那些情緒是我的，我應該更好地管理它們。當我大聲吼叫時，並不是你的錯，而且你也不需要幫我想怎麼冷靜下來。我愛你。），而不是暗示孩子，你的情緒反應是他們所造成。請記住：作為父母，你是孩子的榜樣。當孩子看到你是一個不斷進步的人時，他會懂得從自己的挫敗中學習，並在他的行為不值得驕傲時負起責任。

修復可以在吵架後的十分鐘、十天或十年後發生，永遠不要懷疑修復的力量，每次你回到孩子身邊，都是提供他重塑連結、重新編寫故事結局的契機，讓它得以連接和理解，而不是以孤獨和恐懼告終。這限制了孩子的自責傾向，為他與你之間建立更堅實的關係，同時也為他日後建立更健康的成年關係打下穩固基礎。因為，正如我們所知道的，健全的關係之所以健全，不是因為缺乏衝突，而是因為其中的關係人擁有在爭執後重新連接，並在被誤解後再次感受到理解的能力。進入下一章之前，挑戰自己，現在就去修復與孩子的某一個時刻，或者在早晨或放學看到孩子的時候做，並且要對自己有所要求。現在提醒自己：「好的父母不是永遠都對。好的父母是懂得修復。」

我喜歡在社群媒體上看到父母分享他們的修復故事，這些故事跨越所有年齡層，從新生兒到成年子女。一位家長最近私訊告訴我：

「我現在甚至與九個月大的孩子進行修復……他或許不會明白每一個詞，但你教會我：他會感受到我的意圖和我們之間的重新連結。最近我對他說：『你在哭而我們不知道為什麼。對不起我對你大聲喊叫，我知道那感覺很可怕。我在這裡，我愛你。』」

還有另一位媽媽說：「我為這些年來懲罰女兒感到內疚。我一直認為『現在太遲了，我已經搞砸了孩子的人生。』但今天我告訴八歲的女兒，我已經更了解她需要什麼，我不應該在她最需要我的時候老是罰她暫時隔離，讓她獨自面對。我看到她的身體放鬆了，真的。我們深深擁抱，這感覺真的很重要。」

還有一個我會永遠記住的故事，來自祖父母。「幾個月前，我的女兒要我追蹤你，以便我能了解她如何教養她的孩子。哇，這對我來說真的是震撼教育。今天早上，我打電話給女兒，告訴她我希望能讓時光倒流，以這種方式來教育她成長。我現在明白了，當我大聲喊叫或只看到她的缺點而不是優點時，她肯定感覺很糟糕。她忍不住哭了。我猜她真的需要聽到這些話。我們聊了好一會兒，這是我們關係中最重要的時刻之一。」

無論你修復的是大事還是小事，你的孩子都會在身體裡感受到這股修復力量，這個連結和說明的瞬間，將軟化孩子最初感到孤獨和徬徨的記憶。無論修復是大是小，每一點都很重要。

第6章 有韌性比快樂重要

一位母親對我說：「我的孩子應該比現在更快樂。他們擁有所有需要的東西，卻還是為一些小事困擾。」

一位父親在諮詢室裡說：「我的女兒非常擔心一些大事——流浪漢、死亡、社會的不公義……而她才七歲！我總是告訴她停止擔憂，想一想你生活中所有的美好事物，但她晚上還是睡不好，經常失眠。」

「我曾是一個非常孤獨、憂鬱的孩子，」一位母親向我承認。「我想改變與孩子的關係，成為與我父母不同的父母。我的另一半對我不耐煩，因為他說我總是過於溺愛孩子，讓他們的生活變得太容易。這樣不好嗎？難道你不希望你的孩子快樂嗎，貝琪博士？」

我希望我的孩子快樂嗎？當然！但我不認為幸福快樂是這些父母真正在談論的東西。我認為有些更深層次的問題。讓我們思考一下：**什麼是導致快樂的真正因素？**消除孩子的擔憂和孤獨，確保任何時候都無憂無慮，是否能使他們自己培養出快樂感？當我們說「我只是想讓孩子快樂」時，我們真正想表達什麼？當我們說：「振作起來！」或「你有這麼多值得高興的事！」或「你為什麼不能高興起來？」我們在說什麼？

我認為，**我們談論的不是培養快樂，而是避免恐懼和痛苦**。因為當我們專注於快樂時，往往忽略了孩子在生活中必然會遇到的所有其他情緒，這意味著我們沒有教他們如何應對這些情緒。我們如何透過和孩子的互動來教導他們應對痛苦或困難，將影響他們未來幾十年看待自己和面對難題的方式。

我不認識任何不想為自己孩子爭取最好未來的父母，我也一樣，我希望我的孩子得到最好的。然而，我不確定對他們來說「最好的」是「快樂就好」。對我來說，韌性比快樂更重要。畢竟，**培養快樂取決於調節痛苦**。我們必須**先感到安全，然後才能感到快樂**。為什麼我們必須先學會調節困難的事情？為什麼快樂不能「勝出」和「擊敗」所有其他情緒？這當然會容易許多！不幸的是，在教養孩子和生活中，最重要的事情需要努力和時間；幫助孩子建立韌性當然不容易，但我保證它絕對值得。

把你的身體想像成一個大罐子，漂浮在周圍的是你可能感受到的所有不同情感。為了簡化，我們假設有兩大類型：一種令人感到苦惱，一種讓人感到「更快樂」。在人世間的每一種情緒感受，都裝在我們的情感罐子裡。每種情緒的大小，以及它在任何特定時刻在罐子裡所占據的空間，都在不斷變化。請記住：我們的身體有一個與生俱來的警報系統，並總在任何事情之前不斷掃描是否有危險。當我們無法應對失望、挫折、嫉妒和悲傷等情緒時——當它們占據了情緒罐子的所有空間時——我們的身體就會啟動壓力反應。

而且，促使我們的身體感到不安全的，不僅僅是困難的感受本身，我們也會因為害怕面臨痛苦而感到痛苦，或經歷對恐懼的恐懼。換句話說（假設沒有實際的生理威脅，而只是不舒服、壓倒性的情感威脅），當我們開始思考「啊！我需要讓這種感覺馬上消失」時，苦惱就會越來越多，並不是對原始體驗的反應，而是因為我們認為這些負面情緒是錯誤的、不好的、可怕的，或者是太多了。歸根結底，這就是焦慮在內部形成的方式。焦慮來自於無法承擔不適感，它是一股你想要脫離身體、在那個特定時刻應該有不同感覺的想法體驗。這不是「掃興」或「消極看待問題」的產物，反而是進化的產物。如果我們相信體內的感覺是難以承受而且可怕的，我們的身體就不會允許我們「放鬆」。那麼，快樂究竟在哪裡呢？它被排擠掉了，無法浮現。

當然，這不是唯一的解決方案。我們能夠調節的情感範圍越廣——管理挫折、失望、嫉妒和悲傷——就有更多的空間來建立快樂。調節情緒基本上是在這些感受周圍建立緩衝，軟化它們，防止它們吞噬整個罐子。**首先是調節，其次才是快樂**。這也適用於教養方式：**成人**能在孩子身上命名和容忍的情感範圍越廣（再次強調，這並不意味著行為），**孩子**能夠安全管理的情感範圍就越廣，也意味著他們能更自在地做自己。

我希望我的孩子體驗快樂嗎？毫無疑問，是的。我希望他們在小時候和成年後都能感受到快樂；這就是為什麼我如此注重建立韌性。韌性在許多方面就是我們體驗各種情緒，並且仍然能安穩做自己的能力。韌性幫助我們從生活中的壓力、失敗、錯誤和逆境中反彈回來，韌性讓快樂得以實現。

韌性的強大影響

建立韌性並不意味著我們對壓力或挫折免疫，這些都是生活中無法避免的事實，但我們的韌性決定了我們如何與這些困難的時刻**相處**，以及如何體驗它們。具有高韌性的人在壓力出現時更能夠應對。這裡有一個有用的（雖然略顯簡化）方程式：**壓力＋應對＝內在體驗**。好消息是，韌性並不是孩子擁有或缺乏的靜態性格特質；它是一種可以培養的技能，並且最好是在幼年時期就能由父母灌輸給孩子。因為我們無法改變周圍的壓力因素，但我們總是可以努力提高自己的韌性。

你可能會感到驚訝，需要韌性的情況在童年出現的頻率有多高：重新搭蓋倒塌的積木塔、完成一副高難度的拼圖、學習閱讀、應對社交排擠，所有這些都需要韌性。在每種情況下，能夠發揮韌性的孩子都能深呼吸，對自己說些好話，繼續從事任務，儘管它深具挑戰性，而且還不一定會成功。成年人通常認為韌性是面對挑戰時取得成功的能力——完成積木塔、高難度的拼圖，閱讀困難的章節，或在被排擠後說「沒什麼大不了的」；但實際上，韌性與成功的結果毫無關係。如果我們都知道自己會成功，那就沒有必要展現「來吧，我能堅持下去」的抗壓能力。培養韌性是為了發展容忍痛苦的能力，在面臨艱難、具有挑戰性的時刻堅持下去，即使在未獲得成就肯定或即將成功的時候，也能找到我們的立足點和優點。韌性的建立發生在「勝利」到來**之前**的空間，這就是為什麼它可能會感覺如此難以實現，卻也如此值得的原因。我們學會忍受學習挑戰的時間越長，就越有可能實現目標。

那麼，我們該如何培養孩子的韌性呢？心理學家羅伯特・布魯克斯（Robert Brooks）和薩姆・戈爾茲坦（Sam Goldstein）是《培養小孩的挫折忍受力》的作者，他們發現孩子在培養韌性方面，最需要父母提供的是：同理心、傾聽、接受他們的本來面貌、提供安全和穩定的支持、找出他們的長處、允許犯錯、幫助他們培養責任感，以及解決問題的能力。我希望這本書能夠提供所有這些重要工作所需的工具。我所介紹的觀念和方法旨在幫助孩子在其成長過程持續培養韌性，其中的策略和腳本，包括幫助孩子在困難時刻保持冷靜，找到應對方法，觀察他們自己克服難關而不是逃避。但對我來說，比起知道在困難時刻應該對孩子說什麼，更重要的是能夠回歸到一個大目標或原則。因此，如果我們的原則是支持而不是代替解決，容忍而不是逃避，那麼在培養孩子的韌性時，我們應該遵循一個問題的指引：**我是在幫助孩子容忍和克服這個困境，還是在鼓勵孩子逃避和遠離這種痛苦？**我們需要的是前者，而不是後者。

我提供的任何實用策略的核心，都是幫助孩子建立韌性。作為一位家長，我挑戰自己在孩子感到痛苦的時候陪伴他，讓他知道自己並不孤單，而不是把他從那個時刻拉出來，這樣他下一次再遇到困難時會感到孤單。例如，當我的孩子說：「呃，積木塔一直倒，請幫我！」的時候，我不會說「來，媽媽幫你搭蓋堅固的底座」，以幫助他度過難關，而是會說：「唉，真煩人！」然後，我會深呼吸幾次，然後說，「嗯……有什麼方法能夠讓它更堅固不容易倒呢……」，並展現好奇的表情。這些目的都是為了與我的孩子在困境中建立連結。

當孩子說：「班上每個人都掉了一顆牙，只有我沒有！」我不會說：「親愛的，你很快就會了……而且你已經能夠自己讀故事書了耶！」以分散他的失望情緒。我反而可能會說：「其他人都已經掉了一顆了，是吧？你希望自己也掉牙。我明白，我記得在幼稚園時也有過類似的感受……」目標是幫助孩子在苦惱中感到不那麼孤獨。提醒自己「建立連結！建立連結！」勉勵我們現身於孩子的經歷中陪伴，而不是把孩子帶離他自己的經歷。

快樂與韌性有何不同？

讓我們回到本章的開頭，一位母親問我這個問題：「貝琪博士，難道你不希望你的孩子快樂（長大）嗎？」我的答案是：快樂並不是我對孩子的終極目標。當然，我也不希望她們不快樂，但教養有一個深刻的諷刺，那就是**我們越是強調孩子的快樂和追求「感覺更好」，就越是為他們成年後的焦慮不安埋下伏筆**。以快樂為目標，驅使我們代替孩子解決問題，而不是幫助他們掌握解決問題的能力。我們生活在一個目標導向的社會，為了讓孩子快樂並鼓勵他們「成功」，經常盡量減少或消除他們的失望，以提供即時的勝利。我們把他們從挫折中解救出來，帶他們進入勝利之中，把他們從不舒服的感覺中拉出來，讓他們進入更愉快的感覺中。

這是一種可以理解的衝動，但卻是短視的。正如我們在第4章中所學到的，我們今天與孩子的互動不僅會影響當下，還會影響他們未來好幾十年，因為我們正在建立他們處理情緒、管理情感和在面對困難情況下的的心理迴路。

當我們告訴自己，只想讓孩子快樂，我們不由自主地變成了快樂糾察隊，熱切地幫助孩子避免困境，而不是教他們如何應對困境。這為孩子建立了一個思維迴路：「不舒服是不好的、錯誤的，需要立即得到緩解。我需要尋找那種『舒適』的感覺，因為我從來沒有學會忍受痛苦。」這與培養韌性所建立的思維迴路非常不同：「困境必然發生，是我學習的地方。我不害怕不舒服，因為我在童年時期就經歷過，我的爸媽容許我感受不舒服。」

當我們對孩子說，「我只希望你快樂」時，其實是在傳達一個訊息：他們需要走出困境，進入舒適圈。當女兒說「其他孩子都跑得比我快」時，我們提醒她，她在數學方面表現出色；當兒子因為沒有被邀請參加朋友的生日聚會而感到沮喪時，我們說服他，聚會有人數限制而且朋友其實很喜歡他。我們認為是在幫助孩子，但他們聽到的是：「我不應該感到失落。當我感到不舒服時，我有義務盡快讓自己進入舒適的狀態。」

這些相同的觀念也適用於生活中的重大壓力：家人去世、離婚、搬家、新冠疫情。當我們告訴孩子「你會沒事的」或「你年紀還小，不需要擔心這個」時，孩子會學習到他們不應該有自己的感受。許多父母告訴我，他們想要「保護」孩子免受困難的情感折磨，這種善意的介入往往適得其反，因為大多數的「保護」，實際上會讓孩子獨自面對他們已經有的情感，這比情感本身更令人害怕。

父母不需要保護孩子免受困難情感，而是需要讓孩子準備好去面對這些情感。而讓孩子做好準備的最佳方式，是坦誠和充滿愛的陪伴。這意味著與其告訴孩子「奶奶只是離開了，她現在在一個更好的地方」，不如說：「我想告訴你一件可能會讓你感到很難過的事情。奶奶昨天去世了，意思是她的身體停止運作了。」然後在你孩子身旁坐下來，等待接下來發生的事。也許稍後你可以補充說「真的很傷心也沒關係」或「你問了一些好問題，我很高興我們正在談論這個」。我們讓孩子體悟到苦惱與困難是生活的一部分，當不愉快的事情發生時，可以與我們愛的人談論，並且一起度過難關。

這個體悟不僅在童年時期重要，對成年人也同樣如此，沒有人能成功地避免煩惱。我不曾聽任何一位成年人說：「哇，我的父母讓我擺脫了所有的不舒服感受！他們說服我不再有失望、挫折和嫉妒這些感覺，成功地讓我分散了注意力，現在的我從不感覺到這些負面情感。我隨時都很快樂！」然而，我確實認識許多成年人一旦遇到「無法消除的」失望、挫敗或嫉妒，他們內心就會警鈴大作。那些童年時期主要專注在快樂感的成年人，不僅在面對困難時毫無準備，而且在這些困難時刻會感受到更多的不適感，因為在內心深處，他們認為如果無法「找到快樂」，把自己帶到一個「更舒適的地方」，一定是自己做錯了什麼。關於韌性，對成年人來說重要的是能夠管理不適的感覺，因為在童年時期，有人肯定了我們的不適，並允許我們體驗它。如果我們學會只有在生活順心、快樂時才能和自己相處，那麼我們將會受到沉重的打擊。

想像一下，如果今天的父母成為為孩子重塑夢想的一代，把健康的情感發展放在首位，那麼會是多麼美好的一件事。如果教養孩子是以這樣一個目標為動力：「我希望我的孩子能夠應對世界上的任何挑戰。面對困難，我希望他在年幼時感受到我們的支持，以便他在長大後能夠支持自己。」

你是孩子心理韌性的建築師，這是你能給予他們的最棒禮物。畢竟，成功應對生活中的許多挑戰是一個人通往快樂的最可靠途徑。

第7章 行為是一扇窗，透過窗才能看見原因

想像一下：時間是下午五點半，這個時刻家裡永遠是一團混亂，沒有什麼事情能順利進行。你正在廚房裡準備晚餐，聽到孩子們正在為輪到誰玩他們最喜歡的玩具爭吵。你的手機突然彈出一封電子郵件，是老闆發來的，表達她對你最新的專案不甚滿意。然後，就在你準備要開始煮飯的時候，你發現你以為還在冰箱裡的雞肉早就沒了，於是你從儲藏櫃裡拿出一盒穀片，決定當作晚餐。這時，你的另一半走進來說：「我們沒有衛生紙了，你在商店時為什麼沒有買？」

你氣得把盒子扔到地上，穀片灑得到處都是，大喊一聲：「你能為這個家做一件事嗎？一件事就好，我再也受不了了！」轉身怒氣沖沖地衝了出去。

讓我們來分析一下究竟發生了什麼事？在你反應激烈的當下，背後到底發生什麼事？從表面上看，你的行為失控。但在表面之下，我們可以看到一個處於情感痛苦中的人，感覺自己不夠好，沒有被看見或被支持，而且極度挫敗。

這不是很有趣嗎？表面上我們看到的是一個**行為**，而在表面後我們看到的是一個**個體**

（人）。扔穀片盒並不是主要事件，而是看到主要事件的窗口。各種形式的行為都是一道窗口，讓我們可窺視到一個人的情感、思想、衝動、感覺、認知和未被滿足的需求。行為從來都不是「事件」的主體，而是提示需要處理更重要事件的**線索**。

讓我們回到廚房。假如你是那個扔穀片盒的人，在那一刻，你需要另一半給你什麼？如果是我，我深知扔穀片盒不對；扔東西和發脾氣是我被情緒衝昏頭的表現，並不是我不知道對錯的表現。我不需要另一半來教訓我、講道理、懲罰我或以任何方式羞辱我，而是需要再次感受到內在安全和良好。然後，當我冷靜一點之後，我需要更宏觀地反思究竟是如何走到那一刻。是什麼讓我感到如此不安，以至於情緒反應如此強烈，在我身上爆發出來？我該如何強化應對挫折和不足感的能力，以便下一次它們再出現時，能夠調節這些困難情緒？

我能夠改變並在未來表現更穩重的唯一方式是欣然接受好奇心，了解在行為背後發生了什麼事情。這聽起來可能有違常理，但當我們過於關注評價和改變特定的行為時，反而妨礙了行為的真正改變，因為我們錯過了激發最初行為的核心困境。

讓我們思考一下另一半可能有的兩種反應。

另一半的反應1：貝琪太不講理了。她怎麼能做出這樣的事？她不尊重我嗎？這樣不行！她這麼戲劇化，反應太激烈！我不能讓貝琪認為這是可以被接受的行為。我必須告訴她：「扔穀片盒是不對的！你應該清楚這道理，未免太不尊重人了！接下來的三個晚上，你都不准看電視。」

另一半的感受1：憤怒、疏離、憤慨、苛刻。

另一半的反應2：哇，貝琪的反應很大。我不喜歡她這樣。我想知道在那當下她的感受。扔穀片盒不對，她應該很清楚這點，想必發生了什麼激烈大事。她的本質善良，所以一定很苦惱。我也曾歷經過類似困境，在那些時刻，我的行為也差強人意。我會去對她說：「嘿，你的反應有點大。我猜想一定是有什麼大事，因為我知道你不喜歡這樣的反應。讓我們來聊聊吧——我關心的是你當時的心境感受，而不是某一個具體的反應。我在這裡，讓我們一起找出解決方法。」

另一半的感受2：好奇，有同理心，有點猶豫，感同身受。

我想我們都比較希望得到第二種反應的寬容——即把行為視為值得進一步探索的一扇窗，而不是第一種反應，即行為代表一切的解讀方法。

讓我們把目光轉移到孩子身上。多年來，大多數父母都被灌輸了一種強調行為代表一切的教養模式。小貼紙、獎勵、稱讚、忽視、暫時隔離……這些方法都著重於矯正行為，強調「如何改善孩子的脫序行為？」當然，我是一個務實主義者，知道有時確實需要改變孩子的行為，我對自己的孩子也是如此！但關鍵在於使用的方法。當我們關注**表面下**的東西時，當我們提供孩子他們所需要的，降低他們內在的起伏不定，他們的外在行為就不會那麼容易爆發。透過了解**行為表面下的動機**，我們可以幫助孩子建立韌性和調節情緒，進而導致行為的改變。當然，這需要一些時間，不過一旦改變發生，它將是持久、有意義的，並且可以適用於各種情況。

舉個例子：假設你的兒子總是搶他新生兒妹妹的玩具，如果我們視行為為一切，我們會看到一個自私的孩子，不懂得分享。但如果我們把他的行為視為一扇窗，了解到他對家裡多了一個新成員的感受，突然間我們看到他對自己的世界感到不安，擔心生活中的重要事物可能會突然被奪走。當這種情況發生時，我們會以不同的方式介入。我們可能仍然會從哥哥手上拿走玩具，並把它還給妹妹，但隨後我們會跟這個孩子溝通，建立連結，說一些類似「唉，家裡多了一個小妹妹真不容易啊！」的話。一旦我們了解了行為背後的原因，我們可以給孩子更多一對一的個別時間，或者在角色扮演遊戲中探索這些主題。

例如我們可以說：「垃圾車想從它的妹妹怪手車搶來這個玩具！嗯……該怎麼辦呢？我們可以怎麼幫垃圾車做更好的決定呢？」畢竟，問題其實無關玩具，而是關乎兒子的世界發生了巨大變化，而他需要父母來肯定他的安全感。一旦他再次感覺到自己掌控了局面，他就會自行改善行為。行為只是一種症狀，一旦核心問題得到解決，症狀自然會消失。

我也覺得有必要指出，在我自己家裡，當年長的兄姊從弟妹手中搶了一個玩具時，弟妹通常不會在意。也由於相較於行為本身，我對行為背後的訊息更感興趣，因此我的對應之道往往是……什麼都不做。我會停下腳步，靜觀其變，但不會強迫孩子歸還玩具。這些經常是最令人驚奇的時刻：我看到孩子的內在良善，我並不擔憂這種行為會永遠持續下去，所以不會做出反應。我知道潛在的問題與玩具無關，而是與他的感受有關，而且毫不誇張地說，大多數情況下，孩子會自行歸還玩具。

優先考慮關係

當我們使用行為矯正的方法時，可以暫時改變行為。我不否認這一點。我也不否認更深層次的改變需要時間，而我們不見得會有那麼多時間。在一些情況下，我們需要迅速糾正孩子的行為，而在其他情況下，我們根本無法將有限的資源用於做額外的職責——我們已經在工作、家庭以及作為父母和社會一分子的許多要求之間捉襟見肘。但如果不關注表面下的東西，我們就無法改變**驅使**孩子行為的動力。這就像在天花板的漏水處貼上膠布，而不去想想漏水的源頭在哪裡。當我們首先解決行為問題時，就錯失了幫助孩子建立技能的機會，除此之外，我們也失去了將孩子視為一個人，而不是行為總和的機會。

如果我只把搶奪玩具看作一種不當行為，就會著迷於矯正它。我可能會發給孩子一張獎勵貼紙圖表，只要一天不搶玩具，就能得到一顆金星貼紙。我也可能會告訴孩子：「如果你繼續搶玩具，就取消你的電視時間！」或者在孩子搶玩具時，對他說：「罰你去房間禁閉！」這些方法在很多方面都是失敗的：它們孤立了孩子，而非連結。它們向孩子反映出你認為他是一個「壞」孩子，需要被管束才能表現得好（記住，孩子透過吸收我們的反映，建立自己的樣貌），最有力的是，這些措施忽略了**孩子內心真正在發生的事情**，忽略了導致不良行為的痛苦和壓倒性的情緒感覺。

如果你的孩子喜歡討好別人，行為矯正方法可能會顯得特別成功，因為這類的孩子傾向於成為父母所想要的版本。然而，強化孩子討好別人的傾向在童年時期可能很「方便」，但可能會帶來嚴重問題——不懂得說「不」，無法主張甚至找到自己的需求，總是將別人的福祉放在自己的利益之上——而且只會日漸加劇。而對不討好別人的孩子而言，這些方法往往會加劇挑戰行為，而不是幫助解決它。因為當我們內心沒有被聽見或被看見時，會提升外在**表達**的強度，希望被認真對待並滿足需求。簡而言之：當我們把行為視為「主要事件」，而不是看作一**個未被滿足的需求**的窗口時，我們可能會「成功地」制止行為，但**潛在的需求仍然存在**，而且會再次出現，就像打地鼠一樣。不去關注漏水的源頭，水的流向仍然不會改變。

行為管束法的另一個問題正如其名：管束。將管束擺在建立關係之上是一種危險的折衷。如果你只是想要改變孩子的行為，那麼在孩子年幼時，獎勵貼紙和禁閉極有可能「奏效」，但隨著他們長大，貼紙失去了作用，結果可能不堪設想。我曾經和一對夫妻討論他們十六歲兒子的情況。他們說，兒子已完全失去管控，對兄弟姊妹很惡劣，深夜外出、很晚才回來，現在又拒絕上學。正是這一最新進展——翹課——迫使這對父母來尋求我的諮詢。

在這個家庭裡，早期童年的互動被行為管束法所主導：懲罰、獎勵、貼紙、禁閉和其他形式的管束。這對夫妻告訴我，兒子一直是個「難搞的孩子」，他們請教過不少專家，得到的建議都是獎勵、懲罰和承擔後果等方法的不同排列組合。他們說這些方法似乎很有效，直到一個新的問題行為出現。然後，他們會再度依靠這些方法來解決新的問題，當問題似乎消失時……另一個問題再度出現。他們說，這種循環持續了十多年。

我聽著他們的故事，有一件事讓我印象深刻：這對父母錯過了與孩子**建立關係**的十六年時光。當他們第一次來找我時，親子之間基本上沒有任何關係存在。當我們用各種不同獎勵與懲罰的手段來對待孩子時，基本上是在告訴他們，行為服從最重要。我們表現出對他們成長面臨的苦惱和人格特質的漠視（這點對孩子形成人際關係至關重要），孩子可以感覺到這一點。現在，十六年後，這對夫妻的兒子基本上在說：「我不在乎你的貼紙和懲罰。我現在長大了，你無法再罰我禁閉，我不再怕你，而且你也沒有籌碼了，因為我們之間沒有太多連結。」孩子一旦長大成人，行為管束的方法就不再奏效。我們的獎勵已經無法激勵孩子，而且他們體型高壯，我們無法強制執行懲罰和強迫他們承擔後果。當我們為了管束而犧牲建立關係時，孩子的年紀固然會增加，但在許多方面，他們的**發展**仍然停留在幼兒階段，因為他們錯過了多年建立情緒調節、應對困難、內在動機和抑制欲望的時間，而這些是成功人生所需要的技能。當我們忙於對孩子的**外部行為進行外在控制**，就犧牲了教導這些關鍵內在技能的機會。

我們務必把親子之間的連結放在行為矯正之上的另一個原因是：如果父母不能與孩子建立基於信任、理解和好奇心的穩固基礎，那就沒有什麼東西能夠讓孩子與我們緊密連結了。我經常想到「連結資本」一詞，它指的是如果我們與孩子之間累積足夠的正向情感連結，在感到痛苦時或關係變緊張時，就會有助於解決問題。若未能在孩子幼年時期建立這種情感基礎，當孩子進入青春期和成年後，當他們更高大、更獨立，貼紙、獎勵和懲罰都失去效力時，我們將拿他們一點辦法也沒有。

這個家庭還來得及改變嗎？你和你的孩子之間呢？當然可以。教養與連結永遠不會太晚，但這需要付出艱苦的努力。改變絕對可能，卻也充滿挑戰。我和其他專業人員花了很長一段時間協助這個家庭，並且看到了一些重大變化。這份任務艱鉅、充滿高低起伏，到我們停止合作時，已經有了重大的進展，卻仍有大量尚未完成的工作。我仍與這對父母保持聯繫，他們坦然面對，抱持反思態度，持續努力修復與現年二十歲的兒子的關係，以及改變他們對年幼孩子的教養方式。

「好希望我能早一點知道這一切，」在合作一年後，這位父親告訴我。「很多專家建議使用禁閉、懲罰和獎勵的系統，這一切聽似合理。他們引用了極具說服力的數據，例如減少九成的問題行為。誰不想要這個呢？但我沒有看到一個長遠藍圖。我們其實並不想要『塑造孩子的行為』……而是想幫助兒子發展成為一個完整良善的人。我們想了解他，協助他化解困難問題。我從沒想過我們早期的教養方法實際上加劇了問題。這份領悟對父母非常重要。」

我同意。這正是本書的目的。

證實有效的教養法

我熱愛科學，喜歡證據，而且有大量的科學文獻為行為矯正法提供證據，我指的是在具公信力期刊上進行的認真研究。父母經常問我：「你怎麼會反對一種有數據背書，證明能改變孩子行為的教養方法呢?這怎麼可能是壞事呢?」嗯，這的確不一定是壞事，但我的質疑是：行為改變的結果證據可能會讓我們過於專注在**可以立即觀察到的事**，而忽視**真正重要的事**。而且坦白說，這說法也有一點荒唐。一位我相當景仰的督導曾經對我說：「如果我想要的話，我可以進行一項研究，顯示不當行為減少百分之百!每當一個孩子表現出不良行為時，父母就體罰或者罰他在街上睡一晚……我敢肯定我的研究會顯示，孩子在幾個星期後變得更加順從。」我的主管當然不是贊同虐待孩子，他的觀點是，我們需要謹慎地消化數據。透過恐懼和脅迫的方法改變行為，並不是值得炫耀的數據。

證實有效的教養方法，通常是以行為改變作為衡量成功的標準。它遵循行為優先的框架。但就我來看，單憑這一點還不足以宣告教養成功。如果孩子不再搶奪玩具，但仍然擔心妹妹會顛覆他的整個世界，那麼你並沒有真正幫助到他，你只是幫助了你自己，而且只是暫時的，那些觸發行為的情感會因為受到忽視而變得更強烈，之後又會以其他方式顯現。過度關注行為改變可能會使我們失去與人性的聯繫，我們最終將只關注自己和孩子表面上的和諧，而忽略了構成我們整體的要素：如情感、恐懼、需求、同理心。我的主要觀點是兩件事都成立：我欣賞數據，卻也認為重新思考我們關心的證據基礎是重要的。那些透過控制、脅迫和恐懼方式顯示行為改變的數據需要謹慎消化，這些數據對我來說並不是特別有說服力。

行為優先教養法之所以吸引人的另一個原因，是因為這種方式具體而清晰。舉例來說：用貼紙獎勵優良行為非常容易理解，但要找出孩子為何不去做這些優良行為的根本原因就沒那麼容易了。下達「禁閉」的指令，似乎比質問困難問題更容易執行。但當我們選擇「更困難」的選項時，我們正在邁出重要的一步。在艾菲・柯恩（Alfie Kohn）具有里程碑意義的教育著作《超越管教：從順從到相助》（*Beyond Discipline*）中寫道，每當家長或專家「把問題歸結為需要改變孩子的行為時，他們全然相信的理論排除了許多人認為真正重要的事：孩子的想法和感受、需求和觀點、動機和價值觀——簡而言之，導致特定行為的關鍵事情。行為只是表面的；真正重要的是**從事行為的個人**……以及背後的原因」。柯恩進一步解釋，傳統的管束可以「暫時改變行為，但不能幫助成長」。為了讓事情有所改變，他敦促成年人「發展透視某一特定行為的能力，以便我們能夠理解引起行為的動機，並找出如何影響這些動機發生的方法。」

那麼，我們該如何做到這一點呢？如何透視行為看到背後更深層次的意涵？這聽起來是個好主意，但當兒子頂嘴、女兒亂扔食物，或兩個孩子同時在破壞家具的時候，要執行起來就沒那麼容易了。如我之前所提到，一切始於好奇心。以下是一些開啟思考的問題，可幫助你在任何教養困難時刻後自問：

- 我對孩子的行為的最寬容解讀（ＭＧＩ）是什麼？
- 在那一刻，孩子在想些什麼？（孩子當下在想些什麼？）
- 在行為出現之前，孩子感受到什麼？
- 孩子難以調控的衝動是什麼？
- 我自己生活中有類似的情況嗎？如果我做了類似的事，在那一刻可能會有什麼糾結？
- 孩子感覺我不了解他什麼？
- 如果我記得孩子是「面臨挫敗的好孩子」……他們遇到什麼挫敗困難呢？
- 在這種行為之下，顯示出什麼應關注的更深層問題呢？

一旦我們自問並誠實回答後，下一個自然的步驟是關注我們的新發現，並給予剛剛表現出不當行為的孩子促進建立緊密關係的注意力。讓我們用一個例子來解釋這個過程：

你才剛告訴四歲的兒子，你在接聽工作電話時，需要他保持安靜。但他非但沒有安靜下來，反而把你桌上的東西扔掉，還大聲喊叫。當你的通話結束時，你沒有訓斥兒子，而是提醒自己，他的行為是一扇窗，接著想出你的最寬容解釋：孩子非常想得到你的注意，他感覺被忽視，並且無法在他年幼的身體中控管這些感受。你回想起自己曾經想要另一半的關注，他卻在看手機，你感到非常生氣，最後對他大吼，這和你和孩子之間發生的事情非常相似！有了這樣的體悟後，你對兒子說：「當我在講電話時，要保持安靜真的很難。我也了解當我們正在玩耍時，突然必須接電話，讓你感覺很糟糕。等一下讓我們再練習一次同樣情況，也許我們可以想出一個祕密的握手方式，當我不得不接電話時，你知道我仍然在關注你。」

對許多家長來說，這樣的非懲罰性方法似乎令人擔憂，或者至少有違直覺。他們擔心對「行為不當」的孩子給予「正面關注」，只會鼓勵孩子繼續從事問題行為。正如最近一位家長告訴我：「我不再懲罰孩子，但現在我們陷入一個循環：她做了壞事，結果卻得到了與我相處的特別時間。我不希望她養成這種獲得爸媽關注的方式，然而現在情況卻是如此。請幫助我！」

我理解這些顧慮，但與其在這些行為發生後減少連結，不如思考**如何在這些行為之外增進連結**。行為問題往往是對關注或連結的呼喚，一旦這些需求獲得滿足，就不再需要求救。這就是為什麼不當行為極少在發生當下獲得「改善」，要真正改變情況，需要持續的連結。而深陷困難行為週期的孩子需要更多積極的關注，更多一對一的時間，更多保證他們將被看見、被重視，他們行為之外的自我定位需要得到更多重視。

增加連結也許是每天安排十分鐘的無干擾時間（我稱之為「放下手機時間」，稍後將詳細介紹）或是一個簡單邀請：「嘿，想吃冰淇淋嗎？讓我們犒賞自己一下吧！」當你抽空陪伴孩子，尤其是那些有行為失控問題的孩子，你正在告訴他：「我不認為你只是個壞孩子。」而當他們偶爾確實惹麻煩的時候，深呼吸，提醒自己進步不是一蹴可幾的，並記住，在不當行為後與孩子連結時，不需要弄得很慎重。你可以簡單說：「寶貝，我知道你很難受，我們會找出讓你告訴弟弟你生氣的方法，同時保持身體安全。現在我需要摺衣服，如果你願意，可以坐我旁邊。我會確保我們兩個稍後會有單獨相處的時間，好嗎？我愛你。」

調整看待孩子的觀點，了解到**行為是一扇窗**，並學會透過這扇窗去看底下的原因，並非易事。如果你覺得吃力……那很正常！沒有問題。事實上，或許在你的成長過程中，也沒人想到你的行為背後會有更多故事。將行為視為線索需要練習，我鼓勵你像想要增強二頭肌時一樣對待自己；這需要持之以恆的努力、重複和容忍那些感覺差勁或不自然的時刻。然而，一旦你開始注意到改變，那麼沒有什麼比看到所有努力都實現感覺更棒的了。

第8章 降低羞恥感，增進連結

儘管來我診療室求助的父母表達了各式各樣的擔憂，並提供了各種不同的例子來說明孩子的「壞行為」，但每個故事的根源通常都有一個共同主題。以這三個例子為例：

「我的女兒不肯說『對不起』。昨天，她把妹妹最喜歡的娃娃藏了起來，妹妹哭個不停。當她拒絕認錯並道歉時，我整個失控。她真是差勁，難道一點同情心都沒有嗎？」

「我的兒子非常頑固。他在數學方面學習得很吃力，我努力抽出時間幫忙，但教他的時候他卻愛聽不聽，然後他就爆發了。這讓人很生氣，我不明白他為什麼不讓我幫助他！」

「我的女兒撒謊成性，通常是一些小事，比如說吃了我說她不能吃的糖果。但最近她在一件大事上撒謊：她沒有告訴我她被足球校隊剔除。我提醒她必須對我說實話，撒謊是不對的，但沒有任何改變。」

這是怎麼回事？這些孩子是否都面臨相同的潛在挫折？乍看之下可能並不明顯，但在這些場景中（拒絕道歉、固執己見、撒謊），我看到一個正在把自己封閉起來的孩子。這些孩子都在努力應對他們痛苦的現實——偷藏妹妹玩偶的現實、數學落後的現實、為自己追求某樣東西卻得不到的現實。在每個場景中，父母都描述了一個孩子對某件事感到內疚、丟臉或差勁，然後以一種失常的方式做出反應，試圖避免處理內疚或差勁的感覺，這就是羞恥的本質「我現在不能做自己，我不能有這種感受」的體驗。

羞恥的危險

每個人對羞恥的體驗都不同，所以首先我們需要有一個共同的定義。我將羞恥感定義為「我不討喜和不可親近的部分——沒有人想要認識或與這部分的我相處」的感覺。這股感受非常強烈，告訴我們不應該展現自己當下的模樣。羞恥促使我們避免與他人接觸——躲起來，保持距離，**遠離其他人而不是靠近其他人**。羞恥啟動了孩子的終極恐懼，即「我的內心是壞的、我不值得、我不可愛、我無法親近……沒有人想要跟我相處」。由於孩子的生存**仰賴依附**，他們的身體將羞恥視為「最恐怖的威脅」。對孩子來說，沒有什麼比讓他們經歷一系列觸動遺棄威脅的情緒、感覺或行動，更令人感到無望失控的感覺，這是真的攸關生存的具體威脅。

以下關於羞恥的理解極為關鍵：它是一種進化適應的感覺。對於一個孩子來說，**孤獨無**

助等同於處於危險之中，因此，在依附系統中，羞恥是一個訊號，讓孩子**隱藏他們沒有成功獲得依附的部分**。羞恥之所以感覺如此糟糕，是因為它喚起了我們身體中一個痛苦但重要的訊息：如果你繼續保持當下的樣子，你的需求就不會得到滿足。反之，你將面對拒絕，這往往是以評價、否定、忽視、懲罰、責罵或暫時隔離的形式出現，而這種感覺就像被遺棄。羞恥告訴我們：你必須改變方向，才能感到安全和安心。

在這種情況下，你可以看到為什麼羞恥實際上是兒童（或成人）威脅識別系統中的一種有益情緒。羞恥作為一種保護機制，將孩子「凍結」在原地，這種「凍結」貌似不肯道歉、不願接受幫助或不願說實話。問題在於，一個麻木、茫然的孩子往往會激怒父母，因為我們認為孩子在忽略我們，或者我們將他們的行為誤解為無禮或冷漠。結果，我們不是認可和解決羞恥，而是對孩子大聲吼叫，與孩子進行權力鬥爭，或把孩子送回房間，這些作法只會加劇羞恥，並繼續這個惡性循環。然而，一旦我們看到羞恥出現，並清楚標明它，我們就有能力以不同的方式介入。

ⓘ 識別和降低羞恥

在任何教養的工具箱中，識別羞恥是一項至關重要的技能。識別各種形式的羞恥可說是一種父母超能力，因為一旦我們能夠看到它，就可以相應地修改自己的行為，這並不是放任孩子，而是為了更有效地幫助他們。孩子最困難的時刻往往都包含了羞恥，而**羞恥會使任何情況更容易具爆炸性**。下次你與孩子發生權力鬥爭，或者在想「我知道教養很難，但有必要這麼激烈嗎？」時，請注意，羞恥往往是火上澆油的主因。

作為父母，我們的目標應該是注意到孩子何時產生羞恥，了解什麼情況會引起羞恥，並觀察它如何在行為上表現。之後，我們希望發展降低羞恥感的技能，以幫助孩子重新感到安全和安心。首先識別，其次是降低羞恥感。

那麼我們該怎麼做呢？讓我們回顧一下那個偷藏妹妹的玩偶並拒絕承認或道歉的孩子的情況。拒絕道歉是羞恥的一個典型例子：表面上呈現出冷漠和缺乏同理心，實際上，在這些時刻，孩子被「糟糕透頂」的感覺淹沒、凍結住。她無法道歉，因為這樣做就必須「承認」自己是剛做了糟糕壞事的人，並面臨被他人討厭的不良感受（沒有人會想疼愛或照顧一個如此糟糕的孩子）。她無法面對道歉所帶來的被拋棄的恐懼，所以讓自己凍結以避免進一步的痛苦。是的，這一切都發生在一個簡單的「拒絕說對不起」的情況。羞恥也可能以冷漠、麻木或不理會父母的行為呈現。每當孩子似乎「卡住」時，請考慮他可能正處於羞恥時刻，當偵測到羞恥出現時，關鍵是要暫停一下。當孩子被羞恥淹沒時，我們必須願意把原來的「目標」——引導致歉、激發感謝、促使誠實回答放在一旁，專注於降低羞恥感。

讓我提供一個**無助於降低羞恥感**的干預方法：「伊爾哈，你必須說對不起。很簡單的一句話！你讓情況變得更糟！你怎麼可以這麼不關心你的妹妹？快點道歉！」在這裡，伊爾哈被賦予「壞孩子」的角色，進一步陷入糟糕透頂和凍結的羞恥狀態。

接著，讓我分享一個**有助於識別和降低**羞恥感的干預方法：「嗯，很難找到你的『對不起』聲音，我也有這樣的時候。我先替你道歉，等你找到自己的聲音再來一次。」然後，作為家長，你去找你的另一個孩子，說：「很抱歉，我拿走了你最心愛的玩具。我知道那讓你很難過。有什麼我可以做的嗎？」然後，很重要的是，不要怒視孩子，不要長篇說教，也不要說：「看，這很容易吧！」要相信，是的，絕對要相信孩子已經聽進去了，然後繼續前進。也許等到晚一點的時候，當你發現**孩子已經不再感到羞恥時**（你會注意到的，因為孩子又回到了活潑開朗的自己），你可以說一些話，例如：「道歉很難。即使我是成年人，對我來說也很困難！」或者你可以用填充玩具來模擬一個感覺不好的情境，並展現道歉的掙扎。然後暫停片刻，看看孩子的反應。但請注意，當羞恥感存在時，這些反思、學習和成長都不可能發生。當孩子被羞恥感壓倒時，我們必須願意暫停我們的計畫、暫停「感覺公平」的方法，從矯正行為的目標轉變為幫助孩子感到良好，展現孩子的可愛和價值，肯定親子之間的聯繫。這有助於孩子從困境「解脫」。你無法跳過這一步，人類的身體根本不允許這樣做。

這個道歉的例子對你來說是不是太「溫和」、太「感性」，或者太容易讓孩子逃避責任？我以前也有同樣的感覺。我曾擔心讓孩子不去說「對不起」，而是由我來道歉，就是在縱容孩子（不為自己行為負責）。當這種擔憂出現時，很多家長會想：「我不能讓一個十五歲的孩子認為媽媽會替他道歉，那太荒謬了！他必須自己克服難關，學會自己道歉。」但孩子無論五歲還是十五歲，都會感到羞恥。讓我們看看眼前的情況：假如你的青少年孩子在落選足球校隊一事上撒謊，他也可能是「卡住了」，但這次是因為謊言而不是拒絕道歉。雖然我可能會使用不同的詞語——好比「我了解講述我們不想承認的事情相當困難……」而不是「找到你的對不起聲音很困難」，但我會根據同樣的原則介入。

現在，讓我們暫停一下，深呼吸，回歸到孩子（和我們自己）的內在良善。請記住，孩子的內在充滿良善，不需要我們額外訓練。我們所需要做的是幫助他們處理一些良善障礙，那些表面上看起來對別人很壞，其實是在保護孩子本身的行為。我得強調，像這樣示範道歉（不是勉強道歉）雖然是為了減低孩子的羞恥感而做的事，但我推薦這種介入方式並不是為了讓孩子「感受變好」，而是因為這樣的介入方式，最有可能促使孩子自己反思錯誤並發自內心道歉。

當然，孩子所經歷的某些羞恥可能是由外部因素引起的，並不是因為孩子做錯了什麼，而是因為我們生活在一個孩子會因不可控的因素或情況而被評價的世界，這點相當遺憾。舉凡因身材而產生的羞恥感，或因與同學的家庭經濟差異而引起的羞恥感，今日社會的孩子也有他們的辛苦之處。

但好消息是，你越是努力降低孩子的羞恥感並在能力所及處增加連結，孩子就越能夠應對那些超出你影響範圍、令人感到羞恥的時刻。因為無論孩子的羞恥來源是什麼，降低它的最佳方法始終相同：知道自己的內在充滿良善，知道自己值得被愛和尊重。

當羞恥心不受約束時

當我們無法偵測和減少孩子的羞恥，讓其在孩子身上滋生時，可能會對他們產生長期影響。許多現代父母都親身經歷了這些影響，因為我們父母那一代——概括而言——沒有像我們一樣專注於找出行為背後的感受。對許多人來說，羞恥根深柢固地植入身體中，附著在我們自己沒有被父母接納（認同）的部分。然後，當我們開始表現出一些可能在年幼時不被鼓勵的行為時，例如表達有爭議的觀點、堅定拒絕立場，或分享情感以便讓其他人與我們產生連結時，這種羞恥感仍然存在，導致我們感覺自己好像仍然停留在三歲、八歲或其他這些行為最早出現的年齡。直到今日，我們不是以成熟的方式去適應這些行為，而是迴避它們或感到焦慮。

假設你在一個很看重「堅強」的家庭中長大，而現在你知道那其實只是壓抑情感的代名詞。也許你還記得父母說過類似「你太愛哭了」「你真是個掃興鬼」或「當你心情不好的時候，沒有人願意和你在一起」之類的話。如果家風是「自力更生，笑一個」，那麼當你感到脆弱、傷心或擔憂的時候，那一部分的你發生了什麼事呢？你學會了不能表露情緒，你的內在感受到：「你很糟糕！你很危險！安全意味著與他人的連結，而你威脅到了這分親密關係！為了我好，請遠離我！」這就是羞恥感。當然，這一部分的你並不會在更廣泛的世界裡威脅到你的社交能力或人際關係，你可以同時擁有情感並建立良好關係，但在你成長的家庭裡，在你為自己的生存方式建立身體記憶的時間裡，這樣的認知確實存在，這些老習慣很難改變。

讓我們快轉幾十年。你現在已經結婚了，工作壓力很大；老闆經常責備你，你擔心被解雇，總是處於緊張狀態。一部分的你想要哭泣，想要向伴侶敞開心扉，想要分享你糟糕的經歷，以便得到支持，然而，這個來自童年的教訓潛伏在表面下，潛意識地支配著你的行動：「支持？你認為你會因為展現脆弱和焦慮而得到支持嗎？這些是威脅關係的東西，而不會強化它們！快把這些感覺推開，以保護你自己！」因此，你不會向伴侶求助，也不會向朋友求助。相反的，這些感覺不斷累積，直到它們以情緒反應過度，挫折和憤怒形式呈現，或者可能導致你退縮和封閉。也許你會求助於酒精，以封閉這些感受並把它們推開。你甚至可能有一個伴侶說：「我感覺到有些事情不太對勁……告訴我，讓我進入你的世界！」但你的身體仍然發出這樣的訊息：「哈！我才不會上當的！我很清楚，怎麼可能讓你進來，這些經歷只會把我拒之門外！」

就像對我們的孩子一樣，成年人的羞恥感是正向改變和成長的一個障礙。我們的羞恥感影響著我們如何建立和維持親密關係，影響到我們如何做人父母，以及如何應對與孩子的困難時刻。因此，當你努力發展自己在偵測和減少孩子羞恥方面的能力時，請花些時間反思自己。你必須學會習哪些部分應該「放下」？這對你現在有什麼影響？孩子如何觸發你想封閉自我的反應？你身上哪些部分至今仍需要被肯定、同情和允許存在？

連結優先

經過許多個月的合作，一個案主告訴我，她為自己創造了一個口號「連結優先」（Connection first）。她說她每天早上起來都會牢記這句話，甚至還在冰箱上貼了一張便條紙。她這樣向我解釋：「你談論的每件事，基本主題都是連結。連結最優先，其他都其次。當兒子對我說『我恨你』，我仍然可以優先連結他內心的感受。當女兒不聽話時，我可以先與她不好好傾聽的原因連結，而不是試圖強迫她服從，因為這一定是行不通的。甚至當我的丈夫因為某件事情對我生氣時，我也可以在為自己辯護之前先理解他的想法。對於自己來說也是一樣！無論我的感覺或想法，如果我能先將自己與他人連結起來，它就永遠不會變得糟糕或不堪重負。『連結優先』在我家庭生活的各個領域中幫了我大忙。」

連結優先的概念讓我深有體會。連結是羞恥的反面，是一帖解藥。羞恥是孤獨、危險和糟糕的警告訊號，而連結是同在、安全和良善的標誌。但需要明確的是，連結並不代表容許。容許通常與特定的行為有關，而連結則關乎我們與該行為背後的人的關係。這也是為什麼在孩子的困難時刻與他們連結並不會「強化」不當行為的另一個原因：在任何時間、任何場合、任何類型的人身上，羞恥都從未成為正向行為改變的動力。羞恥感有強烈黏性，它阻礙我們前進。連結則是開放的，它允許行動。連結是我們向孩子展示：「即使你正面臨挫折，現在做你自己也沒有問題。我和你在一起，接納原始的你。」

第9章 對孩子說真話

這個原則聽起來可能愚蠢也理所當然，甚至是本書中最容易理解的概念，然而，坦誠說真話實際上卻難以實踐。坦誠地與孩子交談，不含糊或迴避，需要為了孩子的利益承受很多自己的感受，即使是不愉快的感受，而這對我們大多數人來說都不是一件易事。

如果你正在閱讀本書，你想必支持誠實，不認為自己是一個說謊的人，可能也灌輸孩子同樣的道理。但是，當涉及到探討複雜、微妙的問題時，事情的真相往往讓人感到不舒服。在孩子聽到你和另一半之間爭執後安慰他，難免會讓你想起你對伴侶關係或自身反應產生的懷疑、悲傷、挫折。承認你的孩子沒有入選足球隊是一件很糟糕的事，並承認悲傷有時會持續一段時間的事實，則讓我們想起了在面對拒絕時，自己的情感有多難以忍受。面對和解釋種族主義，可能讓我們感到憤怒、恐懼或內疚，或以上皆有的複雜感受。解釋嬰兒是如何產生的——比如真正深入討論孩子們想要了解的生理細節——會引發各種複雜的感覺，涉及我們自己童年時期，家裡是如何處理理性和性取向的討論。

我們與孩子談論重要、脆弱、艱難的真相的能力，取決於我們能否容忍在這些時刻出現的情緒。這是為什麼作為父母，我們需要改進自己的更關鍵原因之一，因為這比任何單一的育兒干預都更加重要。我們越了解自己的心理機制，學會容忍和探索自己的痛苦，並建立應對困難情緒的應對技能，我們越能為孩子提供存在安全感。我們作為父母的表現，取決於我們願意面對自己的真相，從那裡，可以與孩子建立更好的連結。

父母常常擔心告訴孩子真相會太可怕或讓他們不知所措，但在談到什麼會讓孩子感到害怕時，我們往往完全搞錯了方向。對孩子來說，可怕的不是資訊本身，而是**在缺乏訊息的情況下感到困惑和孤獨**。孩子天生能意識到環境中的變化（為什麼每個人突然都在說「地震」？為什麼爸媽看起來很擔憂？我無意中聽到的關於奶奶的談話是什麼意思？），當他們不理解這些變化時，便會產生恐懼。他們會感到受威脅，直到成年人幫助他們化解威脅並確定他們是安全的。這要歸咎於演化：為了讓我們的物種生存，孩子必須認為森林裡的低沉怪聲是一隻熊，直到大人確認它實際上是一隻松鼠。或者成年人看到它實際上是一隻熊。無論哪種情況，孩子都會心生恐懼，直到有成年人在場。然後，即使父母確認了「最壞的情況」，孩子知道有成年人在保護他們會感到更安全。我們強而有力、真誠、關愛的存在讓孩子們感到安全——當孩子擁有這種存在（依靠），即使面對困難的真實資訊也是可以應對的。

如果沒有成年人在場呢？如果讓孩子獨自面對變化的認知和恐懼的感覺，而沒有人對發生的事情做出解釋呢？嗯，有一個華麗的術語：**「未形成的經驗」**（由心理學家唐納爾．B．史坦所提出）。基本上是感覺有什麼不對勁，卻沒有清晰的解釋。未形成的經驗對孩子來說相當可怕，因為那種「不對勁」的感覺在身體周圍自由漂浮，沒有一個安全的錨點。此外，當孩子被迫要自己去理解一個可怕的變化時，他們通常會依賴那些讓他們獲得掌控的方法，比如說：**自我責備**（一定是我做錯了什麼才引起這種情況。我是壞孩子，我很離譜）和**自我懷疑**（一定是我誤解了周圍的緊張氣氛。我不擅長感受事物。否則，我的父母會向我解釋才對）。

讓孩子感到孤獨的替代方案是什麼？清晰、直接、誠實的資訊分享，同時讓孩子跟深愛且信任的成年人——也就是你——連結。這可以幫助孩子感到安全，建立韌性。請注意：我並非主張不必要地**嚇唬**孩子。恰恰相反，我主張賦予孩子權力，而權力往往來自於學習如何應對壓力，這需要有一位**願意接近而不是迴避真相**的父母。認識自己的情緒，是建立情緒調節的開始。換句話說，看到父母面對艱難的真相，有助於孩子學習調節自己的情緒。

在不同的情況下，說真話的方式也會不同。這並不總是意味著給孩子他們所要求的完整、未經過濾的資訊——有時你甚至可能沒有掌握這些資訊。讓我們透過四種不同的方式來對孩子說真話：

- 確認孩子的看法（認知）。
- 尊重孩子的提問。
- 標註你不懂的事情。
- 專注於方法（而不是確切的內容）。

確認孩子的看法

當我與我的孩子處於「說真話」的情況時，我經常以這些話開頭：「——發生了。你有注意到是對的。」這非常重要。孩子對周圍環境變化很敏感，他們只是沒有累積足夠的人生經驗來區分什麼是危險的，什麼只是煩人的，什麼是安全的。事實上，研究發現孩子比成人更能注意到環境細節。我們經常對自己說「我的孩子太幼小，不可能注意到那個」，或者「他不可能會注意到那個」。但事實並非如此……如果你注意到環境中的某些變化，孩子也會注意到。孩子通常是無助的——因為注意到變化（即潛在的威脅）有助於他們找到確保自身安全的方法，所以他們是敏銳的觀察者。

假設你和三歲的女兒正在搭積木，你的另一半開始在走廊上吸塵。對大多數成年人來說，吸塵器並不可怕——我們有生活經驗，所以聽到吸塵器的聲音就會反射性地告訴自己：這個聲音是一個清潔設備，我們是安全的。

然而，對於一個年幼孩子來說，會把這聲音當成意外的變化；她可能會哭，或緊緊抱住父母，或往相反的方向跳。為了確認孩子的認知，你可以說：「我們正在玩積木，然後爸爸開了吸塵器。那聲音很大，出乎你意料。我知道這麼大的聲音會讓人感到害怕。那是一部吸塵器，而吸塵器會發出很大的聲音！我就在這裡陪著你，你很安全。」

你的孩子並不是故意在為難你，也不是無端對一件小事「大驚小怪」。請記住，讓孩子害怕的不是吸塵器本身，而是他還不理解的突然巨響。在這種情況下，目標不是讓孩子不去注意到這個聲音，而是讓他對聲音形成一個故事。一旦孩子學會將吸塵器的聲音與一個故事連結起來，並感受到父母的支持，這個聲音就開始變得不那麼可怕了。

這種方法在孩子**沒有**顯示出明顯反應的情況下同樣重要。想像一下，你和另一半在廚房裡爭吵，而你的孩子正在吃午餐。事情升級到大聲喧譁、惡言相向和明顯憤怒表情的地步。說出真話可能聽起來像：「爸爸和我剛剛非常大聲吼叫。你有注意到這一點是對的。」即使孩子依然吃著他的午餐，看起來好像不**需要**解釋，我仍然會這樣說。我知道孩子天生會觀察和認知，所以我會假定即使孩子**看起來**很鎮定，恐懼的感覺也會住在他體內，我不想讓他獨自承受這種感覺。

請記住，我對「大聲吼叫」的開場解釋很簡單——我提到了聲音，並肯定了孩子的認知。這一點非常重要，說真話往往需要提供事件的最簡單、最直接的版本。我經常要提醒自己：「只針對確實發生的事情。只說真相實情，不要複雜化。」這使我能夠給孩子提供他當下需要的東西：我的存在和一個可以理解的故事。從那裡開始，視情況而定，我可能會做更多。我可能會向孩子保證他沒有錯（尤其是當孩子注意到你的強烈情緒或大人之間的爭吵時，這方法特別有力），或者構思一個口號來應對孩子的擔憂（這在吸塵器的例子中可能有用：「那聲音很大，但我很安全。那聲音很大，但我很安全。」）。但這些都是次要的，首先要確認（肯定）孩子的認知是真確的。

確認孩子的感受是非常必要的原因之一，因為當我們不說出事實時，當我們假定「那不是大問題」或「他還這麼小，我肯定他甚至沒有注意到」時，孩子就學會懷疑自己的認知。他們可能會想：「嗯，我猜環境沒有任何改變，我大概錯了。」久而久之，這個訊息就會固定下來。這就像是我們正在訓練孩子忽略他們周圍正在發生的事情，這樣的訓練會一直伴隨他們成長到青春期和成年。你想讓你的兒子扛著同儕壓力反抗朋友嗎？為了要說出「嘿，夥伴們，這感覺不對勁，我不要這樣做」，孩子需要相信自己對環境和感覺的認知。你想讓你的女兒在約會時感到不舒服時，能夠保護自己嗎？如果當她還是孩子的時候，父母能夠肯定她的認知並讓她具備自我信任，她就更有可能說「不要，我對此感到不舒服」或「停止，我不喜歡那樣」。

肯定孩子的認知能幫助他們辨識何時感覺不對勁，並讓他們有足夠的信心發聲。這種能力不會在青春期或成年後自行發展——它在我們幼年時期就深植入我們的身體。對於那些認為「糟糕！我的孩子已經十幾歲了，而我之前完全沒有這樣做，我已經錯過了時機！」的父母，讓我們回到「為時不晚」這個重要的原則。我們始終可以重塑想法。和青少年談論你的教養方式，談談你所領悟到的，以及你想要改變的方式。嘗試使用「你有權力有這種感受」和「你是獨一無二的個體，你是唯一知道自己的感覺和嚮往的人」。透過這樣的方式來溝通，你做得到的。

尊重孩子的提問

接下來，讓我們思考一下問題——當孩子問一些讓**我們**感到不舒服，對他們的年齡來說感覺太「成熟」的問題時，我們該怎麼辦？例如：「你有一天會死掉嗎？」或是「喔，但寶寶是怎麼進到肚子裡面的？」

大多數的父母都會有想避開真相的衝動，或者想：「我的孩子還沒有準備好接受這些資訊！」我的看法是：當孩子開始問這些問題時，他們已經準備好了解答案了。或者至少準備好開始用真實的字眼和真確的事實，來了解答案，然後你可以暫停一下，看是否需要更多的解釋。儘管可能看起來有些不同，但提問並不完全意味著無知——它也意味意識和學習的準備。提問必須要有基本的知識和好奇心。假設我有一個物理學家朋友，她對我說：「貝琪，我正在做一個關於分子光解離的研究。我很興奮！你有什麼問題都可以問我！」我顯然會很迷惘，因為我對分子光解離一無所知，除了「什麼是分子光解離」，我很難提出更多的問題。如果我能夠提出更複雜的問題，那就代表我對該主題已經有較深入的認知。

問及死亡的孩子，已經在思考死亡的問題。問及受孕解剖細節的孩子，已經考慮了所有的情況。提問的孩子需要答案，以免獨自承受已經存在於他們內心的感覺、想法和圖像。因此，試著抓住你的「我的孩子還沒有準備好」的反射動作，並提醒自己：「無論是否準備好，基礎已經奠定好了。」

標註你不知道的事情

有時，父母根本無法如實回答孩子的問題，不是因為他們不想，而是因為他們沒有答案。坦率地告訴孩子我們不知道的事情，是「對孩子說真話」原則的重要表現之一。例如，在新冠疫情的初期，有些父母告訴我：「我不知道未來會如何發展，所以我不能向孩子保證這一切很快就會結束！」他們會以自己缺乏知識為藉口，不與孩子談論病毒和生活中的變化。問題是，孩子不需要關於未來的保證，他們需要感受的是在當下得到支援。孩子不需要答案，他們需要不感到孤單和無助。這也是成年人所需要的，也是我們想盡辦法希望能在孩子身上養成的習慣：你不會總是有答案，但你總是可以努力在當下感到安全和有能力。

當我沒有明確的答案時，我經常使用「這是我知道的事情，這是我不知道的事情」公式。在這種情況下，「我懂的」基本上只是確認了我的存在和我有能力陪伴孩子。無論如何，這就是我們**真正**知道的一切。這可能聽起來像：「你在擔心今天要抽血。我不知道到底要花多久時間，會有多疼，我只知道它會痛，然後過一陣子疼痛會停止。我會一直陪著你，我們會一起度過難關。」

讓我們來看看更大的問題。也許你告訴孩子，他的奶奶得了癌症。他問道：「但她會好起來嗎？她會完全康復嗎？」說出「我不知道」的真話聽起來會是這樣的：「好問題，我希望她能好起來。但事實是……我們不知道。我們並不知道她是否會好轉。我所知道的是，無論這感覺多麼令人不舒服，我都會對你說真話，而且我會一直在你身邊，陪伴你度過所有關於這件事的感受。」

專注於方法

父母往往深受誠實溝通的「內容」所困擾。「我應該怎麼告訴孩子爺爺去世的消息？」「應該用哪些詞語來解釋遊民的問題？」「我該如何告訴孩子，我們不再和叔叔見面的原因是他超難相處且不願改變？」

在此停頓一下。沒有完美的話語可以來解釋不完美的情況，事實上，我們說話的**方式**——節奏、語氣、停頓、確認孩子的反應、拍拍背部、「這是一個很重要的問題」或「我很高興我們正在談論這個」——這些因素比任何具體的話語更有影響力。即使有一些「完美的短語」，若以冷漠或疏離的方式表達，或不關心孩子的經歷，他會感到困惑、孤單和不知所措。孩子的身體會記得最清楚的，是你的溫柔存在和對他經歷的關注。

要討論困難的真相時，首先要讓孩子為即將到來的事情做好準備。我通常會說：「我想聊聊我們都會有很強烈情緒反應的事。」說這句話的時候要緩慢，注視著孩子的眼睛。之後深呼吸，這不僅可以使你的身體保持穩定，也可以讓孩子在艱難的時刻「借用」你的穩定感。接下來，用真實而不是委婉的詞語，來描述正在發生的事情。這意味著說：「爺爺今天死（過世）了。死亡（過世）意味著身體停止運作。」而不是「爺爺不在這裡了」或「爺爺要去睡一個長覺。」在傳遞困難真話之後，暫停一下。在提供更多資訊之前，確認一下孩子的狀況。你可以問：「談論這件事情感覺如何？」或是：「你可以為這件事情感到難過，我也很難過。」或許只是用支持的眼神看著孩子，或者把手輕放在他的背上。

如果你的孩子表達了某種感覺，不論是用言語（「我很難過」）還是表情（哭泣、生氣的表情），都要予以承認、肯定，並給予感受的許可。如果孩子問了一個你知道答案會很困難的問題，也許可以在回答起頭時說：「這是一個非常重要的問題，我會告訴你答案。聽起來可能會很不好受，但我們交談時，我會一直在你身邊。」

在回答之前，你可能需要先冷靜一下：「這真的是一個很好的問題，我想給你一個好的答案。我需要一些時間準備，但我一定會回覆你，因為回答你的問題非常重要。」這裡的關鍵是，當你準備好答案後，即便孩子沒有再提出問題，也要回應孩子。如果你不這樣做，孩子將會感到**更多**的恐懼，因為他將獨自面對當初激發他提問的感受和知識。最後，請記住：（你）可以哭。把你的感受標記為你自己的感受，並提醒孩子，即使你自己經歷強烈感受，你仍然是他們堅強的父母，會陪伴支持他們。事實是沒有人能免於情感。向孩子展示我們感受到困難的事，我們在其中掙扎，但仍能挺過來，這是你能給他們最好的生命課程。

第10章 照顧自己

我希望孩子長大之後提及我時，不會這樣說：「我的媽媽？她為我奉獻了一切。」或「媽媽總是把我放在第一優先。」或「我媽媽太忙於照顧我們，從未照顧自己。」我希望他們永遠不要說出任何一種版本的「媽媽為了養育我而精疲力竭」。

那我希望我的孩子們會說什麼呢？比如說：「我的媽媽？她知道什麼時候需要花時間照顧自己，懂得在滿足我的需求同時取得平衡。」或者是「我的媽媽是照顧自己的好榜樣。她教會我照顧自己的重要性，並在保持與他人連結的同時，如何做到照顧自己。」甚至說：「我的媽媽告訴我，做父母不意味著失去自我。教養意味著在幫助孩子發展和成長的同時，自己也在發展和成長。」

在今天這個緊迫盯人教養的世界裡，有一個普遍的誤解，即擁有孩子意味著犧牲你自己——一旦你負責照顧年幼的孩子，就不再有資格照顧自己。然而，現實上，無私的教養方式對任何人都沒有幫助。當父母在沒有為自己充電的情況下不斷為孩子付出時，會感到精疲力盡和懷恨在心。這對孩子也沒有好處，他們絕對會注意到父母的疲累和怨恨，並可能因此而感到內疚、焦慮或不安全。

有很多原因導致父母在自我照顧方面做得不足。他們擔心變得「自私」，感到壓力要把每一個空閒時間用於「精進」孩子成長或為他們的「成功」做準備，或者當漫長的一天過去後，他們根本沒有（多餘）時間和精力做任何自己的事情。對於從事多份工作或長時間工作的父母，或者沒有可靠托兒支援的父母，自我照顧的概念似乎遙不可及。

當父母能夠重視自己時，他們往往會感到內疚，而當孩子們反對時，這種內疚感只會變得更加嚴重。

例如，如果你選擇不舉辦一個孩子的聚會（一個自我照顧的小行為！），孩子可能會感到難以置信：「我今天不能請朋友來，只因為你不想讓別人進來家裡？」或者，如果你決定出去走走，讓頭腦放鬆一下，你可能會聽到孩子抱怨：「你要一個人去散步？難道你不想和我在一起嗎？」而在你決定和自己的朋友聚會時，你可能會面臨一整晚對孩子的罪惡感：「你今晚要和朋友出去吃飯而不是陪我睡覺？」

儘管所有這些案例跡象表明了相反的情況，當父母為自我照顧設立明確的邊界時，孩子實際上是感到安心的。畢竟，父母是家庭的領袖，孩子想在領袖身上感到堅定和自信，一切都沒問題。所謂的「無私教養」，其實是一個不重視自我的領袖在執行教養，缺乏核心。這個想法對孩子來說是可怕的。孩子不想感覺他們的領袖是一個立場不明確，容易被他人影響推倒……迷失的人。

沒有人天生就會壓抑自己的需求，以滿足他人的需求。假如你經常為了家庭系統而犧牲自己，這些價值觀可能在你幼年身體迴路發展期間就傳給了你。因此，如果你很難優先考慮自我，就要從自我同理開始。提醒自己這個事實：「在我幼年成長過程中，**察覺他人的需求**是必須適應的過渡，這種察覺壓制了我對自己需求的敏感。」我們必須尊重並肯定自己的模式，才能挑戰改變或嘗試新事物。我們必須了解自己的挑戰，才能接觸到我們內在的良善，這是變革的必要組成部分。在展現這種良善之後，我們可以轉移自我對話，開始說：「我正在努力建立一種新的模式。我正在嘗試找到自己的嚮往與需求，並提醒自己它們是有價值的。每當我嘗試新事物時，我的身體會感到不舒服。這種不適是我正在建立新身體迴路的證據，這種迴路在我幼年的歲月中沒有練習。我的不適是變革的證據……不是我做錯了什麼的證據。」

若將照顧自己當作待辦事項清單上的另一項任務，將會感到非常壓抑。我們會自問：「什麼？我必須先改變自己，才能改善我跟孩子之間的關係？」但是，一個簡單的轉念，可以將自我照護轉化成一件振奮人心和充滿希望的事：「我有一個機會，可以在以我感到自豪的方式教養孩子的同時，治癒自己的內心。我可以同時做到這兩件事。」

我可以寫一整本關於父母照顧自己的書。事實上，我真有這樣的打算，只是在完成這本書後，我需要先照顧自己——可能需要休息一下，暫停寫作，讓自己的身心得到靜謐和恢復。於此同時，我想與你分享一些我最喜歡的策略，你可以立即使用，即使你沒有太多資源可以投入。請記住，如果我們自己精疲力竭，哪來精力傾注在孩子身上？如果我們不給自己耐心，就無法流露出耐心；如果我們沒有改變內在，就無法改變外部環境。我們與他人的關係品質，取決於我們與自己的關係品質。

策略

一、呼吸

我懂。大家都在談論深呼吸和它的重要性……我懂。然而，我不能就此忽略這個主題，我也敦促你不要這樣做。原因是：我提供的每一個策略，都依賴於我們能夠暫時使自己緩和下來，這樣我們才能進入大腦中容納這些策略的區域，而沒有什麼比深呼吸更能讓人平靜安穩了。因此，把深呼吸當作開啟所有應對策略所在房間的鑰匙。

深呼吸之所以有效，是因為它可以調節一些重要的身體過程，包括降低壓力水平和降低血壓等。橫隔膜呼吸法，又稱為「腹式呼吸」，主要是刺激**迷走神經**，我們身體中最長和最複雜的腦神經。

迷走神經是你的**副交感神經系統**的主要組成部分，或者說是你的「休息和恢復」系統（相對於你的交感神經系統主控「戰鬥或逃跑」），有助於你的身體獲得安全和調節的感覺。這是一種花俏的說法，其實就是腹式呼吸啟動我們體內平靜過程的迴路。當我們感到不安、生氣、沮喪、焦慮或失控時，深呼吸或腹式呼吸這一簡單動作將啟動大腦的某些部位，向我們傳遞「你是安全的，一切都會沒事，你將度過這場風暴」。一旦身體開始調節，我們就可以做出良好的決定，以良好的方式與自己和他人互動。

＊作法

我使用一種「熱巧克力呼吸法」。不僅自己使用，我也教導孩子們做，你也可以帶孩子一起試試看。

- 舒適地坐在椅子上，雙腿不交叉，雙腳踩地，背部挺直。
- 閉上眼睛或輕輕地將視線集中在地上的某個點。
- 將一隻手放在腹部，另一隻手放在胸口。
- 想像一杯熱巧克力在你面前，深呼吸聞著它的香味。慢慢呼氣，不要吹掉任何奶泡或棉花糖。你可以想像自己嘴唇上夾著一根吸管，這有助於放慢呼氣的速度。**徐緩而長的呼氣是平靜情緒的關鍵**。重複五到十次。
- 思緒讓你分心是正常的。當這些思緒想法出現時，給它們貼上標籤，例如：「嗨，念頭」或「嗨，擔憂」或「嗨，計畫」等，然後回到你的下一次深呼吸。

二、**承認**、**肯定**、**允許**

逃避自己感受的結果往往不如預期。事實上，你越是逃避煩惱或想讓它消失，情況往往變得越糟糕。我們的身體將**逃避**解讀為對危險的確認，進而觸發內部的警戒系統。我們越是試圖把焦慮、憤怒或悲傷等情緒推開，這些情緒就越會強烈地反彈回來。與其逃避那些不願意面對的情緒，我們需要轉變策略。我們需要對自己說：「焦慮／憤怒／悲傷」不是我的敵人。我的焦慮／憤怒／悲傷被允許存在。我可以容忍自己的不適感。」這種策略適用於應對任何不舒適的情感。下次當你發現自己淹沒在你寧願逃避的情緒中時，提醒自己**承認**、**肯定**、**允許**。這是我自我調節的祕方。

＊作法

- **承認**：（如實）標註你的感受。例如：「這一刻感覺很難受！」或「今天過得很煎熬！」或「我現在感覺到焦慮。」或「我的胸口感覺緊繃，心跳加速。」
- **肯定**：尊重你的感受，相信它們不會欺騙你。接著告訴自己一個關於為什麼你的感受有道理的故事。這可能聽起來像：「我感到精疲力竭，要同時照顧兩個孩子並在他們爭吵之間準備晚飯……會感到辛苦煎熬，完全情有可原。」或者「我的老闆對我吼叫，然後我的朋友取消了晚餐約會，覺得今天很糟糕是有道理的。」或者，「我有很多事情要做，大腦已經超載，我的身體感到焦慮和緊張是合情合理的。」提醒自己我們的感受和經驗是「有道理的」有助於讓身體更自在，所以在自我對話中多嘗試使用這個這句話。

- **允許：**允許自己以任何方式抒發自己的感受。我知道這聽起來很傻，但它是如此強大有力。對自己說，無論是大聲說出來或在內心默唸，「我完全有權感覺生活很艱難」，或者「我允許自己以現在的感受表達」，或是「現在感覺做父母毫無樂趣可言」也沒關係。請記住：我們可以允許自己感到憤怒，同時提醒自己使用冷靜的語氣對孩子說話；我們可以允許自己感到沮喪，同時提醒自己要用和善的目光注視著孩子。

三、滿足你的需求和容忍對方的苦惱

讓我們來做個實驗。我要你大聲說出以下句子，最好是在鏡子前，然後觀察你的身體反應。「即使會給人帶來不便（困擾），我被允許（也有權）為自己爭取想要的東西。」現在停頓一下。你的身體是想接受還是拒絕你剛才所說的話？你對這句話的自然反應是什麼？有任何記憶或圖像浮現在腦海嗎？這裡唯一的目標是了解自己。任何反應都可以，沒有好壞之分。

那麼，你觀察到了什麼？你是否感到不舒服？是否覺得有必要立即糾正自己？你能堅定地說出這句話嗎？還是難以相信從你嘴裡說出來的話？許多人都難以堅持自己的主張，或難以容忍別人因自己的主張而感到不便，無論我們是請求幫助，還是為自己留出時間，甚至是將照顧孩子的任務交給另一半。我們發現這相當困難，以至於到最後我們經常主動收回自己的請求。我們會說：「沒關係，我自己來就可以了。」或者是「我想我可以改時間和朋友一起散步。」或者「好吧，我早上和孩子一起起床。」這些評論經常在一個模式的最後出現。首先，你想為自己爭取什麼。接著，你提出建議或要求。然後，另一半或朋友似乎被困擾。最後，你收回了要求，不去滿足自己的需求。

是時候改變這種模式了——但只有當我們欣然接受自己無法避免別人的不便或苦惱時，才能做到這一點；確保別人快樂不是我們的工作，在我們堅持自己的時候，為我們打氣也不是別人的工作。我們需要別人的**配合**，但不需要**准許**。

我常常提醒自己，為了滿足我的需求，別人可能需要被不方便或打擾到，而這是可以接受的。別人的苦惱（憂傷）不應該成為我不能滿足自己需求的理由。理解並接受這一點，讓我能夠不帶罪惡感地獨自散步。如果我的另一半看起來很惱火，我會試著用「嗯，我知道一個人帶孩子不容易，我能理解」來迎接這份感覺，然後仍然走出門。這使我能夠記住，我可以為全家決定晚餐吃什麼，即使其中一個孩子抱怨。如果我真的想吃壽司而不是披薩，我必須願意容忍兒子的反駁。許多人從小就把別人的憂傷當作自己的責任，所以當我們看到另一半、朋友或孩子在我們堅持自己的觀點或說不時感到不安時，我們就會退縮。深吸一口氣，記住**滿足自己需求的唯一途徑往往是同時容忍他人的憂傷**，這有助於防止我們失去自我。

＊作法

- 告訴自己，「當我堅持自己的觀點時，允許別人不高興；這並不意味著他們是壞人，也不意味著我不能堅持自己的決定。」
- 想像自己在網球場的一邊，別人在另一邊。提醒自己：「我在這裡……我有我的需求和決定。對方在另一邊，他有他的感受和想法。他對我的決定的感受……那些屬於他的範疇，而不是我的。我可以看到它們，甚至可以同情它們……但我沒有造成它們，我也沒有義務讓它們消失。」

四、為自己做一件事

如果對你來說格外困難，就從你可以為自己做的一件小事開始。關鍵在於不要一開始就訂下太大目標——比如一下子就每天三十分鐘的健身課或嚴格的晚間九點就寢時間。從一件讓你覺得「我很確定我能做到」的事開始。照顧自己包括對自己做出並遵守承諾，即使生活中仍要照顧他人也是如此。如果過去在這方面做得不夠多，你就需要練習建立自我優先和自我價值的肌肉。

這裡有一個小型活動清單，幫助你開始：

- 早晨喝一杯水
- 打坐兩分鐘

- 趁熱喝咖啡
- 為自己做一頓飽足的早餐
- 聆聽讓心情平靜的音樂
- 讀幾頁書
- 好好哭一場
- 坐著的時候做五次熱巧克力呼吸
- 用小朋友的姿勢休息
- 畫畫（塗色）
- 與朋友交談
- 梳理頭髮
- 寫日誌

為自己做一件事，往往取決於我們是否有能力回拒那些此時此刻向我們提出要求的人。

以下是一些回拒說「不」的腳本，將使你更能成功達成「為自己做一件事」的時間。

- 「不了……那對我來說行不通。」
- 「不行，我沒辦法。」
- 「感謝你的詢問。不，我現在沒空。」

- 「我正在做一些專屬於我自己的事情，所以你必須等等。」
- 「不行，我現在沒辦法過去。我知道等待很煎熬，但我相信你在我抵達之前，能夠想出一些辦法。」

五、修復——與自己的關係

我知道閱讀本書的父母都有一個共同的心願：你希望陪伴著孩子，以一種明智且適當的方式教養他們，培養出讓孩子充滿自信並且將良善投射到世界上的特質。你願意花時間閱讀本書，代表著你願意花費最珍貴的資源——你的注意力，去反思、學習、成長和嘗試。

我還知道，你們中的許多人是「（惡性）循環破壞者」。你是家庭中的轉折點，你正在說：「有毒的關係模式**到我為止**，我將傳承不同且更好的東西給孩子。」循環破壞者是一個重擔角色。你很了不起。

還有一件事我很清楚：過程肯定不會完美。你會大聲吼叫、你可能會說些一脫口馬上後悔的話：「唉，我為什麼要這麼說？我的意思不是這樣！」。但這沒關係。你不是由你的過度反應或精疲力竭時刻或你最近一次（失控）行為而被定義。你是內在良善的父母，在為孩子付出的同時，也在為自己努力。

照顧自己包括學會如何真正修復。當我們犯錯或表現不佳時，必須對自己寬宏大量。這本書談了很多關於與孩子進行修復的課題與方法，但要與他人進行修復，我們必須從自我修復開始。

＊作法

- 將一隻手放在你的心上，告訴自己：「挫折是可以的，犯錯也可以被允許，不懂也沒關係。一切仍不盡如意、尚在摸索也沒關係。即使外在的我過得煎熬辛苦，我的內在依然完好，我確實良善。」
- 在教養子女的時刻，特別是讓你感到自責或對自己的反應感到失望的時候，告訴自己：「剛才失控的我不是真正的我。剛才失控的我不是真正的我。」

PART

2

建立親子連結和解決行爲問題

第11章 建立連結資本

貝琪博士，我們不知道該從哪裡開始。我們的房子一團糟，總是吵鬧不休。我們因爲不知道還能怎麼辦，只能虛張聲勢地威脅孩子。他們不聽我們的話，一個愛亂發脾氣，一個愛頂嘴，跟他們互動感覺是一個無止盡的負面循環。大兒子赫斯頓突然說他很笨，沒有朋友，每當我們試圖和他談論這件事時，他都說我們不理解他，然後砰地一聲關上臥室的門。四歲女兒伊茲每天早上上學時都會歇斯底里，這讓我們精疲力竭，更是開始一天的糟糕方式。請幫幫我們！

在最近的一次諮詢中，兩個年幼孩子的父母以懇求的口吻開始了上述談話。我吸了一口氣，「首先，我很高興你們來，」我說。「其次，我將解決所有的問題，每一件事。」他們笑了。我微笑著：「好吧，這不是真的。至少今天我們不打算解決任何問題。問題在於：在我們建立連結之前，無法改變行為，因此我們的第一步干預需要集中在這一點上。這裡真正的問題不是你們所提到的任何具體問題——不是發脾氣、頂嘴、摔門或下車時哭鬧。真正的問題似乎是你的家庭系統失去了平衡，沒有人感到安全感。」

此時，這對父母似乎稍微放鬆。僅僅聽到有人指出一個問題——一個真正與他們的經驗產生共鳴的問題——並對未來的道路充滿信心，這讓他們感到一些安慰。因此，我們沒有討論不停的吵鬧或空洞的威脅，而是以建立連結開始我們的對話。我向他們介紹了一些我稱之為「物超所值建立連結的方法」。這些策略久經考驗，我與案主也都經常使用，當家庭需要重新連結和恢復平衡時，我總是回歸這些策略。其中一些工具及其更實際的應用，可能看起來像是「理想世界」的策略，但我相信這裡有適合每個人的東西。

無論你家庭中的不平衡是以粗魯、撒謊、兄弟姊妹之間的競爭、發脾氣，或後面章節中討論的任何其他具體行為問題呈現，這並不重要。這些策略可以激發積極改變，無論表面問題是什麼，因為它們幫助父母重新調整他們的努力，專注於與孩子建立連結和親密關係，而不是糾正行為。因為，正如我們現在所知，行為從來不是問題，它只是症狀。這些物超所值的方法可以解決根本問題，從而建立更加和諧的家庭。

正如我向案主解釋的，當父母與孩子面臨僵局困難時，幾乎總是歸結為兩個問題之一：孩子感覺與父母的連結不如他們希望的那樣緊密，或者孩子有一些挑戰或無法被滿足的需求，讓他們感到孤獨。想像一下你的孩子有一個情感銀行帳戶。這個帳戶的貨幣是連結，他們在任何時刻的行為都反映了帳戶的狀態，帳戶是多麼充實或空虛（充盈或耗盡的程度）。我在前面提到了「連結資本」的概念——當我們真正與孩子連結，理解他們的經歷，容許他們的情感，並努力了解他們的處境時，我們就在建立資本。擁有健康的連結資本使孩子感到自信、有能力、安全和有價值。這些內在的積極感受會表現在外在的「良好」行為上——像合作、靈活度和自律調節等行為。所以為了創造積極的改變，我們必須首先建立連結，這將使孩子感覺更好，然後他們就會表現得更好。但請注意，行為是最後出現的，我們不能從行為開始，必須從連結開始。

同時，還要記住，連結資本是雙向流動的。就像銀行帳戶一樣，我們經常從我們的連結資本中取款。當我們要求孩子打掃房間、告訴他們我們需要幾分鐘接個突然來電、說「該離開了，親愛的」，或者「看螢幕的時間結束了」時，都在花費連結資本。父母是大量的連結資本消費者，因為我們經常需要要求孩子做他們不想做的事情，並在他們不情願遵守我們的規則時尊重這些規則。**這意味著父母需要更努力積極建立連結資本**，我們需要大量儲備，才不會透支。

說到建立連結，這裡有一個重要關鍵：當我們冷靜時，效果最佳。在情緒激動時試圖建立連結並不特別有效，因為當我們的身體處於戰或逃狀態時，並不能好好學習。在較為平靜的時刻，我們可以放慢腳步，與孩子建立連結，看到他們的優點，並發展更緊密的關係。以下的方法適合較為平靜的時刻使用，這是改善與孩子的關係、建立新技能和發展變革途徑的最佳時機。當我家出現問題時，我會從這些策略開始，這些策略基本上會增建連結資本的存款。

不玩手機時間（PNP）

不玩手機時間（Play No Phone, PNP）是我最常推薦的教養策略。從成本效益的角度來看，沒有任何其他策略可以媲美它。

PNP時間就是沒有手機的玩耍時間。我意識到，當我想跟孩子好好相處時，手機在我身邊的任何地方都會分散我的注意力，因此我想出了PNP時間。如果手機在房間裡，我總是感覺被拉去看它：回覆那則簡訊、下訂單，或做一百萬件其他在一天內發生的事情。我可以對自己保證不去碰它，去兌現跟孩子玩原木形色棋或積木的承諾……但誘惑實在太強烈。

孩子最希望得到我們全神貫注的關注，我們的關注傳達了他們是安全、重要、有價值、被愛的。然而手機是吸引我們注意力的強大磁鐵，讓孩子們感受到了分心。明確地說，我並不是反對科技或使用手機，但我建議我們為手機設立界限，不僅是為了孩子，也是為了自己。我們需要對手機使用設立界限，以便幫助自己將全部注意力放在孩子身上。並非總是這麼做，但絕對是有些時候。

全神貫注地花時間陪伴孩子，是建立連結資本最強有力的方式。有一個不聽話的孩子？

ＰＮＰ時間來拯救。有一個愛生氣、沒禮貌的孩子？ＰＮＰ時間能幫你。兩個孩子整天吵架？為每個孩子建立專屬且定期的ＰＮＰ時間。我可以繼續列舉應用情境，但你懂我的意思。

ＰＮＰ時間只需要持續十到十五分鐘，目標是進入孩子的世界。這與孩子日常生活中的其他時間大不相同，因為我們總是一遍又一遍地要求他們進入我們的世界。在ＰＮＰ時間裡，讓孩子主導遊戲，花時間觀察和注意，但不要指導，你在他們的世界裡的存在才是最重要的。

ＰＮＰ時間最棒的部分之一是：玩樂變得更加愉快。沒有手機在房間裡，我們可以更容易地專注於遊戲。在ＰＮＰ時間裡，我告訴自己：「貝琪，現在做的事比任何其他事都來得重要。」或「我不需要做任何其他事，和兒子一起玩耍就足夠了，我心滿意足。」沒有手機在房間裡似乎在呼喚我去「做更多」，我實際上可以專注於玩耍。

好吧，讓我們來談談如何在家裡實施ＰＮＰ時間

一、給它一個名字，以表明這段時間是特別的。我使用ＰＮＰ時間這個詞語，因為我碰巧喜歡一個好的縮寫，而且，這個詞語有點逗趣，我的孩子非常喜歡。你可以自由命名其他名稱，比如爸爸—馬可時間或媽媽—女兒時間。

二、將時間限制在十至十五分鐘之間。

三、沒有手機，沒有螢幕，沒有兄弟姊妹，沒有干擾。
四、讓孩子挑選遊戲，這是關鍵。
五、允許孩子成為焦點，你的任務只是注意、模仿、反映和描述他們正在做的事情。

重要的是，要積極表明你正在收起手機。這向孩子表明你意識到手機會分散注意力，並確保孩子感受到你的關注和特殊性。

以下是介紹PNP時間的腳本：

- **對於年齡較小的孩子：**「讓我們有段PNP時間吧！我會把手機放到另一個房間裡，這樣我就可以真正專注於和你在一起。只有我們兩個，你可以選擇我們做什麼！」
- **對於大一點的孩子：**「嘿，寶貝。你知道嗎？我需要和你度過一段PNP時間——只有你和我，手機遠離——因為我知道手機發出聲音，分散我的注意力時多麼煩人。今天晚一點的時候，只有我們兩個人的專屬時間，怎麼樣？大約十到十五分鐘，你可以選擇我們要做什麼。」

記住，PNP時間是以你孩子的世界為重點，盡量避免問問題；反之，參與你孩子的想法。如果這感覺不自然，那也沒關係，大多數父母不習慣以這種方式參與。試試這些方法：

- **描述**：「你正在建造一座塔。」或「你正在用紅色蠟筆塗色。」
- **模仿**：如果你的孩子正在畫一朵花，拿起你自己的紙，坐在她旁邊，畫自己的花。不需要說任何話。當你在模仿時，你正向孩子表明注意力全部在他身上，他們對你來說是有價值和有趣的。
- **反思性傾聽**：當你的孩子說「我想玩卡車」時，回應說：「你想玩卡車！」如果你的孩子說「豬想進穀倉」，你就說：「那隻豬想進穀倉，對吧？」

如果這些想法讓你感到尷尬，請記住，目標只是與孩子度過不受干擾的優質時間。如果無法保持十五分鐘？試試十分鐘、五分鐘或兩分鐘。PNP時間讓孩子感覺到自己的重要和被愛，而一旦這些感覺存在，行為改善最終會隨之而來。

填滿遊戲

當我的長子無法適應小兒子出生而遇到困難時，我發明了這個遊戲，此後我一直在使用它。當時我的兒子頑固、粗魯、容易生氣……做出所有讓我想要**減少**與他相處時間的行為。但我很快意識到，他正面臨難關。在他的憤怒底下是一些疑問：「我還會被關注嗎？」「我的需求會得到滿足嗎？」「我會得到足夠的媽媽和爸爸嗎？」他因為成為五口之家的轉變感到非常痛苦，以至於情感銀行帳戶幾乎沒有餘額。在他的行為把我推開的同時，他需要大量的連結資本注入。

於是我想出了「填滿遊戲」。每當我兒子遇到困難時，我不是反應過度，而是深呼吸，緩慢而溫暖地說：「我想你是想告訴我，你沒有得到足夠的媽媽，對吧？」我的溫柔導致了他的溫柔。他比著跟腳差不多的高度回答：「對，只有到這裡。」然後我會給他一個大大的擁抱，一遍又一遍，直到「媽媽水平」填滿到他的頭頂，然後再給他一個大大的擁抱，讓他多了「一點額外的媽媽」來幫助他度過接下來的一段時間。他的行為改善了嗎？不是馬上改善，但這個遊戲是絕對的轉折點。這是第一步，因為它明確地表示孩子所需要的：更多的父母關愛。

下一次當你孩子的行為讓你想要逃避時，試著介紹「填滿遊戲」給他們。提出一個想法：孩子的反抗行為是因為他們沒有得到足夠的媽媽（或爸爸）關注，所以現在是時候給他們滿滿的一波了，別忘了添加一些幽默和笑聲。

一旦你看到「填滿遊戲」的真正好處，你可能想開始在孩子的儲備罐還沒有空到需要用無禮的語氣或失調的行為來讓你知道時，就開始先預防性的填滿。也許你可以在孩子開始一起玩樂高積木或睡前例行任務之前，就問一下：「可以在開始之前填滿一下媽媽的愛，好嗎？」然後和每個孩子玩「填滿遊戲」。

介紹填滿遊戲的腳本

一、告訴你的孩子：「我不認為你現在被媽媽／爸爸填滿了。我認為媽媽只到你的腳踝！讓我把你填滿！」

二、緊緊地擁抱你的孩子。

三、「現在怎麼樣？什麼，只到膝蓋而已？好吧，第二回合。」

四、再次緊抱你的孩子；也許裝模作樣，彷彿用盡了所有的力氣。

五、「什麼，只到你的肚皮？我以為我這一捏能夠高一點呢！好吧，更多的媽媽來了，第三回合。」

六、一旦你或你的孩子感覺自己被填滿了，心滿意足時，再來最後一次擁抱：「好吧，讓我多給你一些，以防萬一。這些日子有這麼多變化，多儲存一些額外的媽媽爸爸也許是個好注意。」

玩填滿遊戲的好時機

- 孩子早上醒來時，作為一天開始的方式。
- 在任何分離之前，填滿遊戲可確立孩子在說再見前能將父母的存在**內化**。
- 在你開始工作之前。填滿遊戲讓孩子感覺到你陪在身邊。
- 在你知道會有困難時刻之前（例如，在你要求兒子與妹妹分享玩具之前；在他進到廚房，而妹妹正在用他最喜歡的盤子時；在孩子開始拼一個你知道具有挑戰性的拼圖之前。）

- 在應對棘手行為時。透過良善和連結資本的視野，來解讀孩子的行為是一份真正的禮物。幫孩子「填滿你的愛」，讓他們感到和你在一起時的美好和安全，同時建立他們的情緒調節能力。

情緒預防針

情緒預防針的功效就像預防疾病的疫苗一樣：我們今天增強身體能力，以備應對未來的困難。正如我們所知，人類應對困難時不是改變或避免自己的感受，而是學習調節情緒。如果你的孩子難以結束螢幕時間，他們不會在某天突然樂意放下螢幕，或者突然有了一個「觀點」，可以輕鬆地轉換；相反的，他們將（希望）能夠承認、肯定和允許他們的情緒，這將導致從 iPad 到沒有 iPad 的過渡更加順利。

如果你的孩子在玩桌遊或運動時難以當一個有風度的輸家，他們不會哪天突然變得不再具有競爭精神或生出「這只是一個遊戲」的運動家精神。相反的，（有正確的引導）他們將承認、肯定和允許他們的情緒，這將使他們能夠深呼吸，並以更有風度的方式結束比賽。

因此，如果目標是調節情緒，而不是修復、改變或抹除它們，我們該如何幫助孩子應對他們反覆出現的困難時刻？這裡有一個強大的策略：我們為未來的情緒挑戰做足準備。透過情緒預防針，在孩子遇到激烈情緒時刻之前，我們與孩子建立連結，從而在孩子需要使用這些技巧之前強化情緒調節能力。我們與孩子建立連結，討論並確認他們即將面臨的挑戰，並在實際發生之前，口頭表達甚至演練可能的處理方式。透過連結、確認和預測，我們在孩子情緒全面爆發之前就建立了孩子的「情緒調節抗體」。透過這種方式，我們正在**預先調節**一種感覺，而當挑戰性的時刻到來時，孩子就更有能力應對。這並不意味著他在輸掉比賽的時候會突然變得風度翩翩、無所謂。但是，正如我們所知，練習是進步的關鍵。

請記住，孩子最不穩定的時刻是在他們強烈感受情緒並**處於孤獨狀態**下；情緒預防針也為我們提供了機會，在這些時刻發生之前注入連結，這有助於打斷情緒崩潰的循環。

這裡還有一個重要的領悟：就像孩子可以從情感預防針中受益一樣，我們也可以。想像一個今天可能會讓你感到困難的情況。然後，提前向內引導關注、理解和允許：「我被允許有這種感受。現在，我要深呼吸，預期可能在當下發生時，我能夠找到這分深呼吸和同理心的迴路。」你會驚訝於它的力量。

情感預防針的腳本

情感預防針=連接+肯定+可理解的故事，都是在「主要事件」之前進行的。下面是兩個案例說明。

＊為結束螢幕時間做準備的情感預防針

家長：「在開始螢幕時間之前，讓我們想一想，當我們結束的時候會有什麼感覺。要停止我們喜歡的事情是很難的，對吧？對我來說也是。」

孩子：「你能不能現在就開始播放節目？」

父母：「我們會的，很快。我現在要做個深呼吸，讓身體為我們停止看螢幕時做好準備。」模仿這種停頓。「另外……我在想我們是否現在可以把等下結束螢幕時間的抗議先拿出用掉，以讓我們的身體做好準備。」找一種輕鬆但不是嘲笑語氣的抗議模擬：「再讓我看五分鐘！我的朋友能看的時間多很多！我正準備……求求你……你從來不讓我做任何我想做的事！」

此方法的目的：你在一個極具挑戰與困難的過渡期發生**之前**，就把連結和趣味注入其中。這並不意味著在節目結束時，你的孩子會說：「媽媽，iPad還你！」但這意味著你正在培養他管理艱難情緒的技能。很快就會有一個時刻，孩子看著你說：「啊，我好希望能再看一集，而不是尖叫和丟遙控器。」

＊為具有挑戰性的學業做準備的情感預防針

家長：「我在想你的家庭作業，當你坐下來寫作業時，可能會感到很困難。我完全明白這一點。我總覺得寫作真的不容易又麻煩。」

孩子：「沒錯。」

家長：「我在想我們是否可以現在一起深呼吸。我曾讀過，如果我們提前預料到困難並與自己交談，這時就會感覺輕鬆一點。」如果你的孩子不參與也沒關係，你依舊將一隻手放在心上，看向地板，或者閉上眼睛說：「開始寫作時，我可能會感到挫折。那也沒關係！我現在要提前做個深呼吸，提醒自己，感覺寫作困難是正常的，同時也提醒自己，我能做困難的事情！」

此方法的目的：在一個具有挑戰性的時刻到來之前，載入連結和肯定。

感受長凳

關於情感，我們知道的一件事是，只有當我們獨自面對時才顯得可怕。如果有人對我們說：「嘿！你感到悲傷／害怕／憤怒／被冷落嗎？沒關係，我在這裡。跟我分享」這些感覺立即開始消退，我們不再感到如此不知所措，而是感到更安全。

當孩子不高興的時候，好像他們被扔在了那種感受長凳上。可能是憤怒的長凳、失望的長凳，甚至可能是沒有人喜歡我的長凳。當我們坐在長凳上，特別是那些黑暗和不舒服的長凳，想要的是有人陪伴在我們身旁。一旦有人陪伴著我們，長凳就不再感到那麼黑暗和寒冷了，現在我們有了一個「板凳加溫人」。

當你的兒子告訴你：「我希望我沒有弟弟，他總是弄亂我的東西！」想像他正坐在「很難分享我的生活」的長凳上。與他一起坐著，你可能還需要設定一個界限，但你仍然可以坐在一起：「嗯，你在想分享是多麼困難的事。我明白，寶貝。我不會讓你動手打弟弟，但你仍然可以感受所有的憤怒。我在這裡陪著你。」

當你的女兒在消化她最好的朋友要搬到另一個城市的消息，並對你大喊：「為什麼我們家不能搬家？這樣我還可以和麗芙在一起。我討厭住在這裡，也討厭你們所有人！」首先，深呼吸。在這波攻勢下有一種情感，她需要得到肯定和支持。她正坐在失落的長凳上。坐在她身邊，對她說：「我懂，這感受真的很糟糕。」

接著……試著和自己坐在**你的**長凳上。尋找那個安慰的部分（她就在那裡！一直都在！），並請她陪伴那個感到害怕、難過或自我批評的部分。對那個感到不知所措的部分說：「我在這裡，不知所措的感覺。我看見你。我會聆聽你。你是我的一部分，而不是我的全部。我會陪著你。」

坐在孩子的感受長凳上的腳本

下次當孩子向你傾訴困難的情感時，提醒自己：「陪伴他，一起坐在這個長凳上，不要試圖把他帶離，這是我與他建立連結和內在韌性的方式。」展示給孩子看，你就在他身邊，而不是要求他改變自己的感覺。

＊用語

- 「聽起來真的很難。」
- 「真糟糕，的確如此。」
- 「我很高興你跟我講這個。」
- 「我相信你。」
- 「現在作為一個小孩……唉，感覺非常非常難。我能理解。」
- 「你對這件事真的很難過。親愛的，你可以這樣感受。」
- 「我就在這裡陪著你。我很高興我們在一起談論這個。」
- 「有時候我們沒有辦法馬上感覺好起來。有時候，當事情變得困難時，我們能做的最好的事，就是善待自己，找懂你的人聊聊。」
- 「我愛你。無論你感覺如何，無論你生活中發生了什麼，我都一樣愛你。」

＊行動

- 孩子與你交談時，與他們一起坐在沙發或床上。

- 孩子說話的時候，你不該多話，只要點頭，表現出同理。
- 孩子難過的時候，給他們一個擁抱。
- 一起深呼吸。

嬉戲玩耍

教養工作常常讓人感到嚴肅。有這麼多的事物需要安排（你去上學，我來接你帶你去看牙醫，再帶你去踢足球，然後回家寫作業，吃晚飯，然後早點上床睡覺，好嗎？），很容易讓親子關係陷入令人困擾、沮喪，甚至變得乏味不可享受。在我的實踐中，我發現很多家庭缺少的元素是嬉戲：耍笨、搞笑、玩耍。

玩耍很重要，真的很重要。建立連結資本時，耍笨和嬉戲總能發揮不可思議的作用。笑聲能降低皮質醇和腎上腺素等壓力荷爾蒙，並增加抗體和免疫細胞，這意味著笑聲實際上是非常嚴肅認真的事，因為每次我們哈哈大笑或放鬆心情時，身體都會變得更健康。此外，愚蠢的舞蹈派對、即興捏造的歌曲，以及追逐遊戲讓孩子感到重要、安全和被愛。作為父母，我們的主要工作之一就是幫助孩子感到安全，所以愉快的玩耍是教養中最重要的一部分；當我們感覺到危險或威脅時，是不可能笑的，所以和孩子一起笑，傳遞了這樣的資訊：「這裡是你安全的家，在這裡你受到保護，在這裡你可以做自己。」

嬉戲玩耍對有些父母來說比其他人更容易。如果對你來說是自然而然的，你可以跳到下一段。但如果和孩子一起做傻事，對你來說感覺很尷尬或不自然，如果你覺得自己是較為嚴肅的父母，那麼請花點時間提醒自己，自我意識是第一步。

每個父母都在教養育兒的過程中面臨某些困難，無論是設定界限、處理衝突、嬉戲，還是其他方面。如果嬉戲玩耍對你來說是困難的，很可能是因為你從小就沒有這方面的榜樣。通常情況下，那些難以與孩子嬉戲玩耍的父母成長於這樣的家庭：家中很早就用羞辱來制止孩子的愚蠢行為（你讓我很丟臉，馬上停止！）、或者忽視（當孩子想玩遊戲或搞笑時，父母卻不理不睬），甚至施以懲罰（這裡不允許說不雅言詞，回你的房間去！）來阻止孩子的愚蠢行為。如果你家中也有這種情況，那麼你可能學會了與自己的嬉戲玩心保持距離，因為我們會與早期受到負面關注的部分自我斷開連結。你可以參考上一章關於照顧自己的一些建議，重新與自己的嬉戲玩耍面連結。那部分也存在你的內心，只是它比較沉靜並且理所當然地羞怯。

以下列舉了一些嬉戲玩耍的點子，但請記住，嬉戲有無數種方式，如果孩子們在笑，空氣中充滿輕鬆的氣氛，而你並不關注任何效果或成果，那麼你就做對了。

嬉戲玩耍的建議

- 愚蠢舞蹈派對。

- 「才藝表演」——家裡每個成員都被叫到「舞臺」上，一次一個人，做一些愚蠢的動作。其他人讚嘆地觀看，然後在這個人鞠躬時熱烈鼓掌。如果有一個孩子只想觀看而不參加，那也沒問題；不要強迫或羞辱。（我必須向我孩子了不起的保姆喬丹致敬，是她創造了這個遊戲！）
- 編造歌曲或兒歌。
- 家庭卡拉OK。
- 扮裝遊戲，玩家家酒，或其他奇幻遊戲。
- 建造一個堡壘。
- 將嬉戲作為對失禮、不聽話或發牢騷的第一反應。例如：「哦不，感謝信又不見了！好吧，好吧，它們會在哪裡呢……哦等等，等等，我找到了！在沙發下面！讓我把它們拿回來給你。好了，找到了。吁～」
- 問問自己：「我小時候喜歡玩什麼？我總是希望有人和我一起做什麼？」我曾經指導一位父親，他很難和孩子玩在一起；當他回憶起小時候玩「諜戰特工」（Crossfire）的桌遊時，他眼睛一亮，然後在網上訂購了這款遊戲，和孩子一起玩。這是在透過嬉戲玩耍來建立連結的第一步。

「我有和你講過關於……的故事嗎？」

父母和孩子之間最棘手的關係時刻，通常是當我們陷入困難的行為循環時──孩子行為脫序，我們做出反應並大喊：「你怎麼又這樣了？」然後孩子會閉嘴不語，不和我們說話，而我們感到完全無助。當我們陷入這些循環時，問題變得太「火爆」，無法直接處理。孩子感受到極大羞恥，父母則變得過度反應，而且我們試圖解決這個問題的努力，幾乎總是遭到拒絕（你不理解我，滾出我的房間！），或持續升級（你試圖與孩子談論問題，卻讓問題變得更大）。因此，我們必須找到一種策略，允許我們能不正面解決問題，而是繞過它，從後門進入，而不是試圖硬闖前門。

這就是「我有和你講過……的故事嗎？」的方法。這個方法涉及父母從個人的角度來看待孩子的挫折──建立連結，承認孩子內在良善的一面，並教授解決問題的技巧，而無需直接談論問題，因為趙對孩子來說，當下可能感覺太過強烈。

「我有和你講過……的故事？」的腳本

一、找出孩子卡關的本質（他是否很難為別人的成就感到高興？當數學變得困難、挫敗連連時，是否很難保持專注和參與？）。

二、把問題視為你自己的問題：回憶一個最近或童年時期遇過的類似困難時刻。

三、不要在情緒激動時與孩子交談，而是選擇在事情平靜時，從「我有和你講過……的故事嗎？」開始說，並分享一個關於自己遇到類似困境的故事。

四、讓孩子參與這個故事，最好是一個你沒有馬上找到解決辦法，而是在挫折中度過難關。

五、不要直接將你的故事與孩子連結起來做結尾，沒有必要解釋「這不就像你……一樣嗎？」讓這個故事和時刻獨立存在，相信它將觸及孩子需要連結的部分。

為什麼這個策略奏效？為什麼能在情感投入中帶來如此大的回報？首先，當你分享一個自己在與孩子相同困境中度過難關的故事時，你基本上是在說：「你的內心很好。你是可愛、值得的。你是一個好孩子，只是遇到了困難。我看到你行為下的良善，**因為我也是良善的，我也經歷過同樣的難關**。」你不能直接這樣對孩子說，因為這會讓他們感覺太強烈，他們會拒絕接受，但是透過講述關於你自己的一個故事，所有這些主題都會傳達出來。

第二，你正在深度連結，因為你向孩子展示了你的脆弱。我們常常忘記，孩子往往把我們看作是無所不能的。畢竟，我們可以輕易地做到他們費力做的事情——從穿外套和綁鞋帶這樣簡單的事情，到更複雜的數學問題或開車。孩子的奮鬥和父母的能力之間的差距對於孩子來說是令人生畏的，而且可能會（無意中）帶來羞愧。如果我們一直被專家圍繞，任何人都會很難學習和嘗試新事物。想像一下，比起在一位名廚的監督下學習烹飪，或者在費德勒身邊學習打網球，跟一個比你懂得多但有時還是會燒焦大蒜的人學習烹飪，或者跟一個曾是大學選手但有時還是會出現雙發失誤的教練學習打網球，要容易得多。這些人懂得很多，但不是太多。當他們展現自己經歷挫折時，他們基本上是在對我們說：錯誤是學習的一部分。良善並不是沒有經歷挫折。兩件事可以同時成立：你可以是好的，也可以遭遇挫折……就像我一樣。」啊，解脫了。這就是我們想給孩子的。

然而，這個策略最強大的部分是什麼？當你講述一個描述自己處在與孩子類似困境的故事時，奇妙的事情發生了：你的孩子可以進入他自己內在的解決問題模式。當他把問題當作自己的問題，他的問題解決能力可能會不堪重負；當他聽到你的故事時，他可能會開始腦力激盪或提供想法，當他為你做這些時，他將加強自己的問題解決模式，並在需要時更更容易使用它。

這對成年人也是如此，對吧？有時候，談論別人的問題會在我們內心點亮一盞燈，點燃我們原本沒有的改變想法或欲望，而這些改變思想或欲望在直接關注我們時是不存在的。將一個困境外部化通常會減少我們內心的羞愧和自責，這會讓我們更有同理心、解決問題的聲音騰出空間，使之更容易浮現。

改變結局

我們都會犯錯。你會。我會，那些在Instagram上的「完美父母」也會。我們會大聲吼叫，反應過度，將自己的問題發洩在孩子身上，指責，給孩子貼標籤……我們做這些並不是因為我們是壞父母，而是因為我們是普通的正常人。因此，當我們和孩子的某些時刻感覺糟糕時，接下來應該怎麼做呢？進行修復。正如在第5章所討論的，修復為我們提供了**改變故事結局**的機會；孩子不再將一個他感到害怕和孤獨的記憶固定下來（記住，即使孩子不提，這段記憶也會儲存在身體裡），而是有了一段父母回來幫助她重新感到安全的記憶。這一切就是如此重要。

我常常認為，健康的關係不是因為沒有破裂，而是我們修復的方式有多好。所有的關係都有難關，然而，這些時刻可能是加深連結的最佳來源。破裂時刻發生，是因為雙方都處於自己的經歷中，他們無法暫時把這種經驗放在一邊，去理解和連結另一個人。即使我們正在努力了解自己的觸發點，或嘗試更自覺，以便認識自己的經歷，而不是讓它們掌控，我們仍然無法避免親密關係中的破裂時刻——無論是朋友還是配偶，或是與我們的孩子。因此，我們需要在修復方面做得更好。

是的，修復和道歉之間是有區別的。很多時候，道歉試圖終止一段對話（對不起，我大聲吼叫。好了，我們可以繼續了嗎？），但一個好的修復可以開啟一段對話。修復比道歉更進一步，因為它旨在當有人感到受傷、被誤解或孤獨的時候，重新建立親密連結。「對不起」這句話可能是修復的一**部分**，但它們很少是經驗的全部。

改變結局的腳本

一、分享你一直在**反思**。
二、**承認**對方的經歷。
三、說明你下次會**採取什麼不同的作法**。
四、現在事情變得更安全，透過**好奇心**進行連結。

以下是一個包含所有四個元素的修復案例：

「我一直在想早些時候的事情（**反思**），在你推倒姊姊的積木塔之後，我走進遊戲室。我相信你推倒積木時一定很生氣（**承認**）。很抱歉我對你大吼。我希望我當時能多問一些問題，以了解當時的情況和心情（**以不同的作法**）。我能再試一次嗎？你能告訴我在你把積木塔推倒之前發生了什麼事嗎？這很重要。我很願意傾聽和理解（**好奇心**）。」

當有人和你一起反思（我一直在想……），並承認你的感受（你一定很生氣才會……或是當我……時，你一定感到害怕），他們明確表示關注的不僅僅是你的表面行為，還有你的內心狀態。正如我們已經知道的，關注行為背後的感受是我們幫助孩子開始建立情緒意識和情緒調節的方式。因此，當我們改變結局時，我們不僅是在強化與孩子的關係，而且是在幫助他們建立調節情緒的技能。這可謂一舉兩得。

接下來，當我們分享自己希望能夠做得不同的地方時，我們讓對方知道我們認真對待自己的行為；我們不僅對自己的所作所為負責，還對自己做出改變感到負責。而且，當我們有足夠勇氣，在艱難的時刻表達對別人的經歷表示好奇時，我們建立了親密感，因為透過承認我們的道歉並不能消除對方的痛苦，我們表明自己更關心對方的感受和現實，而不是自己的自尊或舒適。我們也更加了解對方，進一步深化我們的關係，因為我們願意傾聽他們的真實感受。

讓我表明一點：我與自己的孩子溝通時並不總是都遵循所有四個部分。有時我只是說「對不起，我為對你大聲吼叫道歉」（反思），或「我對你的狀況反應過度，我猜你一定覺得很難受……我看到了這一點，我很抱歉，我愛你」（反思和承認）。或者我說，「我昨天心情不好，工作壓力大讓我感到緊繃。當你不喜歡晚飯時，我發脾氣並不是因為你，這是我的問題，不是你的錯，我希望我沒有把情緒發洩在你身上。」（反思、承認、說明要嘗試不同的作法）。所以，當然，請隨意以你覺得合適的方式進行修復。有些修復會比較簡短，有些則會比較長。整體來說，關鍵是要掌握主動權，承擔責任，告訴你的孩子，**他們並不需要為你的情緒負責或修正你的反應**。當孩子獨自面對艱難的感受時，他們會轉向自我責備（我是個壞孩子）和自我懷疑（也許我反應過度？也許那不是吼叫？也許這就是我應該期望他人對待我的方式？）。當我們修復時，我們確保孩子不會用這些解釋作為預設，這有助於保持他們的自信和對世界的安全感。記住：對孩子來說，沒有什麼比被拋棄的痛苦感覺更可怕的了；修復用連結取代了這種孤獨感，這應該是我們所有人最想要的好改變。

第12章 孩子不聽話時怎麼辦？

桑妮雅是兩個年幼孩子的媽媽，她走進我的辦公室時，表情懊惱不堪。「我兒子菲利克斯根本不理會我說的話，也不做我叫他做的事情，」她告訴我。「他一點都不懂得尊重，所以我最後只好大聲喝斥，還能怎麼辦呢？請幫幫我，貝琪博士！」

當我們說「我的孩子不聽話」時，其實並不是在談論聽話。我從來沒聽過父母抱怨當他們說「廚房桌上有冰淇淋聖代」或「你現在可以多看一集電視節目」時，孩子不聽話。在桑妮雅這樣的情況下，我們真正談論的是合作。我們嘴上說「我的孩子不聽話」，但真正的意思是「當我想讓孩子做他不想做的事情時，孩子不願意配合。」

作為成年人，當有人要求我們做一些我們不想做的事情時，我們會如何表現？通常，這取決於我們在那一刻與提出要求的人的關係有多緊密。如果我對婚姻感到滿意，丈夫要求我在下班回家的路上幫他帶點東西，我可能會答應；但如果我最近感到不被重視或被誤解，我比較有可能告訴他我沒有時間。

我們與某人的連結越緊密，就越願意遵從他們的要求。「聽話」基本上是衡量關係強度的一個指標，因此，當孩子不聽我們的話時，我們必須把這個難題看作一個關係問題，而不是孩子的問題。如果孩子無視你或極少配合你的要求，他正在告訴你，你們的關係需要一些溫情關懷。請理解這並不是對你教養能力的評判……你不是一個糟糕的家長，你的孩子也不是壞孩子，你們之間的關係也並沒有陷入谷底。**所有的親子關係有時都需要額外的愛和關注**。在我自己家裡，三個孩子不斷透過不聽話的形式給我反饋，告訴我需要放慢腳步，思考每個孩子的獨特需求，並加強彼此的關係。

當不聽話的情況發生時，我會試著留出時間來思考對於這個孩子而言，正在發生什麼事，什麼事可能讓他感到困難或沮喪，以及為什麼孩子可能感到「被忽視」或被擱在一邊。這並不意味著我在承擔責備，但我確實要負責思考為什麼孩子可能感到疏遠，以及我們關係的哪些部分需要關注。我提醒自己，連結總能增進合作，因為人都喜歡幫助我們感覺親近的人。

還有第二個因素造成不聽話的問題。我的大兒子曾經提出一個觀點：「父母總是要求孩子停止做有趣的事情，然後去做不太有趣的事。這就是為什麼孩子不聽話的原因。」我認為他說的沒錯。或許我們的孩子正在玩積木，而我們希望她轉換到洗澡；又或者他正在吃巧克力餅乾，而我們希望他穿上鞋子出門；又或者她正在看電視，而我們希望她關掉。我們要求孩子做一些他們「必須做」但不願意做的事情——對我們來說是優先事項，對他們來說卻不是。在這些情況下，為了配合而感到掙扎是合理的。成年人可能也會這樣。

假設你正在和朋友吃午餐，另一個朋友過來說：「嘿，你能不能取消聚餐，幫我清理廁所？」我敢肯定，你們兩個都會拒絕，繼續吃飯。父母經常對孩子做這樣的事：要求他們停止做一些他們喜歡的事，然後去做一些他們不喜歡的事。這並不意味著我們應該避免提出要求——總是會有必須要求孩子做他們不想做的事的時候，但重要的是過程和提出要求的方式。例如，大聲吼叫並不是促成合作的有效方式。

事實上，這樣通常適得其反。當我們提高音量時，孩子的身體進入威脅模式——他們感受到父母咄咄逼人的語氣、音量和肢體語言中帶有著危險，他們甚至無法理解父母在說什麼，因為他們的精力完全集中在此刻生存下來。如果你曾經因為孩子的不合作感到沮喪，以至於大喊：「你到底有沒有在聽我說話？」答案是否定的，孩子在這些時刻並沒有在「**聽**」。這不是不尊重或不服從的表現，而是身體進入了一種動物防禦性的凍結狀態。然而，事實是我們不希望孩子害怕我們，也不希望他們在我們試圖讓兩方合作的時刻凍結（提醒：如果你曾大聲過，你仍然是個好父母，大聲喊叫之後，你可以修復）。當我們把連結、尊重、趣味和信任注入我們的請求中時，曾經感到對立的交流將開始得到合作的回應。

教養策略

在提出要求之前先建立連結

要讓孩子聽話，最重要的策略是在你要求孩子在你的世界裡做某件事之前，先在**他們的世界**裡與他們建立連結。孩子必須先感覺到自己被重視，接著才能從對他們來說感覺愉快的事情（例如畫畫或玩黏土）中轉換出來，滿足對你來說優先的要求（例如清理美術用品）。感到受重視是一個強大的連結工具。與某人的親近感會促使我們願意配合對方。當我們口頭上認可孩子當下在做的事情時，就好像我們在說：「我看到你了：你是一個有真正需求、想法和感受的人。」我們對孩子傳遞一個訊息，在這一刻，我們正在**傾聽孩子的心聲**，這使他們樂於回饋、聽我們的話。

＊例子

- 「哇，你很認真地搭建這個積木塔，我知道暫停一下先去洗澡可能會很困難。如果我們現在快速沖洗，你在睡前還有時間再多玩一陣子。」
- 「我知道結束玩伴時間很困難，因為你玩得這麼開心！我們現在必須離開，但馬帝亞斯的媽媽和我會很快安排下一次的玩伴時間。」

給予孩子選擇

這個策略與「在提出要求之前先建立連結」搭配使用效果很好。如果你能讓孩子有選擇的機會，他們會更願意合作。沒有人喜歡被命令，特別是孩子，他們已經在很多場合感到受控，沒有自主權。這個策略適用於所有年齡層；即使你的孩子只有兩歲，假如你讓他可以選擇比賽誰先到浴室，或是像火箭般快速衝去，他可能會更願意配合刷牙。只提供你可以接受的選擇，然後讓孩子知道你信任他們會執行這個選擇。

＊例子

- 「我們可以現在離開艾比家，或者你們可以再玩一局紙牌遊戲。由你決定……再玩一局之後是嗎？好，我知道你會遵守這個選擇，所以我沒意見。」
- 「你可以現在洗碗，或者在洗澡後再來做……洗完澡之後嗎？好的，我相信你會這麼做的，就這麼說定。」

幽默

幽默可以改變觀點，這正是我們在要求孩子做事時所追求的。當我們注入的是愉快趣味而不是挫折，我們就加入了孩子們喜歡的世界——充滿了愚蠢、輕鬆和笑聲。坦白說，這也是我們希望成為一員的世界。當我們引入笑聲，孩子會感覺更親近我們，更有可能配合。

＊例子

- 「哦不……你弄丟了耳朵!?」好，等等，我想我找到它們了。哦天哪，你相信嗎……我在這盆植物裡發現了它們！它們是怎麼進到那裡的？在它們長成花之前，讓我把它們帶回你的身上！」
- 「我知道……聽父母的話真讓人掃興！如果我一邊轉圈跳舞一邊說話，會不會讓它更有趣呢？」

閉上眼睛的祕訣

我通常不是「教養駭客」或「祕訣技巧」的粉絲，因為它們往往優先考慮短期的服從，而忽視了長期的連結和技能培養。但是，我最喜歡的策略之一——「閉目養神」的祕訣，情況不同。這個技巧為孩子提供了他們在聽從我們的意願方面所需要的核心元素——它同時融入了尊重、信任、獨立、控制和趣味。

以下是這個策略的作法：說「我要閉眼睛囉。」然後把雙手放在眼睛上……「我只想說，如果有一個小孩，在我睜開眼睛時已經穿好了鞋子……哦或，天哪，如果有一個孩子自己把魔鬼氈黏扣起來……我真的不知道該怎麼辦了。我會感到非常困惑，甚至可能會——哦不，哦不——跳個愚蠢好笑的舞蹈，全身扭動，甚至可能會摔倒在地上！」然後停頓一下，等待。你的孩子穿好鞋子的機會突然大增，為什麼呢？因為現在孩子有主導權。他感到自己有掌控權，而不是感覺被控制。孩子感受到你的信任，因為你沒有盯著他看（即使你可能透過手指偷看），而且你加入了愚蠢和承諾做一些荒謬的事情──有哪個孩子不喜歡看父母跳舞、摔倒，並且看起來愚蠢可笑？

這個策略也可以適用於較大的孩子。許多七、八歲小孩的父母告訴我，他們不僅會「中招」，還會要求使用「閉眼大法」。如果你確信這對於年紀越大的孩子起不了作用，那麼試著用這個策略的基本概念，然後套用在你家的少年或青少年身上。試著說：「我看到你還沒有整理你的房間……嗯，好吧，我要開始準備晚餐了，我相信你會遵守承諾，在下樓之前把衣服放好。」這也是建立在信任原則之上。如果你想增加趣味的元素呢？當你走開時，補充說：「我想說的是，如果房間最終變得乾淨，我可能會開始唱歌！」

如果你想知道為什麼這個策略確實有效，想像一下，如果你的老闆要你重做一份報告，然後站在你的辦公桌前觀察，或是表明信任和鼓勵之後離開，你會有什麼感覺？在第二種情況，我肯定會做得更好。我們都喜歡感到被信任，而不是被控制。如果我的老闆答應在我編輯完報告後做一些愚蠢的趣事呢？噢，我會馬上開始工作。這實在是太誘人了，不能錯過。

角色互換遊戲

在需要配合的時刻之外，我們還有很多事可以做，以增加在需要時合作的可能性。在一般情況下，我們越幫助孩子感到被理解、獨立、值得信賴和擁有掌控權，他們就越願意聽從我們的要求。理解這一點會讓人感到非常鼓舞，因為一天之中有無數的機會可以建立連結資本，從某種意義上來說，也就是聽話資本。

一個好方法是玩我稱之為「我現在必須聽你的」的遊戲。在介紹這個遊戲時說：「我知道當一個孩子很難。父母要求你很多事情！所以我們來玩個遊戲，在接下來的五分鐘裡，你是大人，我是小孩。我必須按照你說的做，前提是安全。」向孩子解釋，這個遊戲不涉及食物或禮物（孩子不能要你去給他們買一百包新的寶可夢遊戲卡或給他們三十包糖果）——這實際上是關於你的日常生活。但細節並不重要。重要的是互換角色，讓孩子嘗試擔當強大的成人角色，並對做一個孩子的困難表示同情。在玩這個遊戲的過程中，誇張地展示聽從你父母說話有多難，類似這樣的表達：「噢，真的嗎？我必須收拾磁鐵積木？我不想要，還有「啊，我真希望我現在不用洗澡！」我發現這個遊戲對我自己也很有用，它提醒我，當你不想做某件事時，接受命令有多麼困難。

後續發展（對孩子來說是怎樣的結果？）

下一次菲利克斯不聽話時，桑妮雅注意到了自己的挫敗：「啊……你好，挫敗感。是的，當你的孩子處於不聽話的階段時，做父母真的很難。」然後她提醒自己：「聽話其實就是合作，而合作來自於連結。」

她深吸一口氣，當天晚上，她與菲利克斯玩了角色互換遊戲。菲利克斯讓桑妮雅單腳跳躍，把蠟筆收好，不停地跳著愚蠢的舞蹈。不出所料，菲利克斯喜歡這個遊戲，而桑妮雅發現自己比預期的更喜歡這個遊戲。

那天晚上，當桑妮雅要求菲利克斯整理房間時，她記得要讓他感覺到自己被看重，並對菲利克斯說：「啊，小子……很快就該收拾玩具了。我知道，遊戲很好玩，對吧！我們必須要跟它們說晚安了，從地板上撿起你的衣服，開始準備刷牙。你想現在整理還是兩分鐘之後？」她驚喜地發現，當她透過連結和給菲利克斯選擇的方式接近時，孩子的反抗變少了。

第13章 孩子鬧情緒時怎麼辦？

三歲的伊薩來到廚房，向他的媽媽奧莉要求早餐吃冰淇淋。奧莉親切地說：「冰淇淋？不行，親愛的，這不是一個選項。來個鬆餅怎麼樣？」伊薩要求：「冰淇淋！只要冰淇淋，我現在就要吃冰淇淋！」然後他跌坐在地上，又哭又叫，似乎沒完沒了地要吃冰淇淋。

鬧情緒是正常的，事實上，不僅是正常的……鬧情緒是健康的。當然，這並不意味著鬧情緒有趣、令人愉快或容易駕馭，它們並不具備這些特點。鬧情緒對每個參與其中的人來說都是一種挑戰，讓人疲憊不堪。然而，它們是健康的兒童發展的一部分。

鬧情緒，也就是孩子看似「失控」的那些時刻，只代表一件事：孩子無法應對情境的**情緒需求**。在鬧情緒的那一刻，孩子正在經歷一種強烈感覺、衝動或情緒，超越了他調節這種感覺、衝動或情緒的能力。這是重要的一點要記住：鬧情緒是生理上的**失調狀態**，而不是故意的不服從行為。

鬧情緒通常在孩子想要某件事（比如冰淇淋）時開始，而其他事情（或其他人，如父母）阻礙了他們獲得那件事。渴望被阻撓是最難受的人類經驗之一——不僅對孩子來說如此，對成年人來說也是如此。鬧情緒是孩子的一種表達方式，旨在告訴我們：「即使你說不行，我仍然知道我想要什麼。我整個身體都在向你傳達，我知道這個渴望，並且我對未能實現它感到沮喪。」我們希望在鬧情緒過程中限制危險行為嗎？當然。我們希望保持冷靜嗎？絕對。我們的目標是要立刻停止鬧情緒或完全阻止它們嗎？不，不是的。為什麼呢？**因為我們希望孩子自己想要。**

作為父母，我們希望孩子能夠認識並表達自己的渴望，能夠堅持「我知道我想要什麼，即使周圍的人告訴我不行」的想法。**但是，我們不能在孩子年幼的時候鼓勵他們順從和服從，然後期待他們在長大後變得有自信**。這樣是行不通的。想像一下你的孩子已經二十五歲了，當有人問她一個不恰當的問題時，你希望你的孩子能夠說「不行，這個我不OK」嗎？你希望他能夠要求加薪嗎？能夠告訴他的另一半「我需要你更尊重地和我說話」嗎？如果我們希望我們的孩子在成年後能夠**認識到自己的渴望和需求**，那麼我們需要開始把鬧情緒視為發展的一個重要部分。

如果鬧情緒是因為想要卻得不到所引起，那麼這些「失控行為」究竟釋放了什麼？在任何情緒爆發的背後，實際上是一個**積累了許多痛苦情感的孩子**，包含挫折、失望、嫉妒、悲傷和憤怒等情緒的組合。有時我會想像情緒爆發就像情感從身體中爆炸出來，彷彿我的孩子的「苦惱情緒罐」已經完全滿了，而正好鬧脾氣之前發生的事導致整個罐子溢出。這有助於我意識到孩子鬧脾氣不是刻意煩人，或是荒謬的過度反應，而是一種表達被情緒壓到不知所措或感到痛苦的方式。對成年人來說，提醒自己我們也有情緒崩潰的時候很有幫助。我們也會被痛苦充斥，有時，一件小事出了差錯，我們會有一個大的情緒釋放。想像一下，有一天你弄丟了錢包、在工作會議上被責備、聽說朋友有個聚餐卻沒有邀請你；現在你回到家，想換穿上你最喜歡的居家服，卻發現它縮水了，不再合身。

我只能代表自己：我可以想像自己淚流成海。也許我甚至會大聲喊出「不——！」如果我的另一半對我說：「貝琪，這沒什麼大不了的，就選一件不同的衣服吧！」……我只能說，我的反應絕對不會很好。但是，如果另一半把我的釋放看作是一個訊號，表明我正在經歷一段艱難時刻，知道情況一定比他表面上看到的更複雜……那麼我就會開始感到冷靜，因為我會感到被看見、被理解、安全和內心良好。縮水的衣服是觸發事件，但表面下的失望、挫折和悲傷的積累奠定了基礎。幫助孩子度過鬧脾氣的難關，有賴於我們有能力看透引發「崩潰」的事件，並認識到其背後真實、痛苦的感受。學會識別鬧脾氣的內在實質，而不是只對外在表現做出反應，是一項至關緊要的教養技能。

我即將提供的策略將幫助你進行這種辨識，它們可以應用在孩子情緒崩潰，但不帶任何肢體攻擊行為的時候（如打人、咬人、踢人、吐口水或丟東西）。涉及肢體攻擊和界限侵犯的情緒爆發需要一些不同的方法，我在下一章會詳細介紹。這些策略的目標一致：幫助孩子建立情緒調節的能力，而不是為了終結鬧脾氣。當我們的意圖只是為了停止喊叫或哭泣時，孩子會感受到，並且只學會一個教訓：「壓倒我的情感，也壓倒了我的父母。我的父母正試圖結束這一切，這意味著我的情緒真的像我感受的一樣糟糕。」孩子無法學會調節一種我們這些成年人試圖避免或關閉的情感。因此在孩子發脾氣時，我們的目標應該是讓自己保持冷靜，讓孩子保持安全。之後，我們要注入存在與陪伴，這樣孩子才有辦法**在情緒失調的情況下，吸收我們的調節**。以下的策略都旨在與孩子建立連結，向他們展示你的理解，並幫助他們保持內在的良善。

教養策略

提醒自己是內在良善

父母在面對孩子鬧情緒時難以保持冷靜，因為孩子的情緒失控引起了我們的自責情緒。外在的指責總是伴隨著內在的指責——如果我們在想「我孩子怎麼了？」，那麼肯定也在想「我怎麼了？」我們甚至可能在想「我在教養孩子方面做得很差」。這是一個痛苦的想法，以至於我們通常試圖制止孩子鬧情緒，企圖關閉我們自己的痛苦。因此，下次你的孩子開始

「失控」之前，不管你做什麼，都告訴自己：「我沒有問題，我的孩子沒有問題，我可以應付這個。」也許把這句口訣放在只有你看得到的地方，比如浴室鏡子或床頭櫃上，看看是否可以在日常生活中練習融入這種想法，這可能比任何其他教養策略都更能幫助於你在孩子鬧情緒時保持冷靜。

兩件事同時成立

我希望你記住這句話：「兩件事同時成立：我負責做這個決定，我的答案是不行。你負責你的感受，你可以感到不高興。」這句話的觀念和我們說出的語氣，比字句本身更重要。它的觀念是，我們有權做決定，而孩子也有權擁有自己的感受。至於語氣呢，我們不希望用冷漠或疏離的態度表達這句話，彷彿在說：「你可以不高興，我不在乎。」我們要傳達真正的允許和同情，甚至可以說：「我理解你為什麼會有這樣的感覺。」或「這感覺真糟糕，我懂！」或「做一個孩子有時真的很難。」管理情緒崩潰的關鍵是記住三件事：一，我們不能控制孩子的感受，二，孩子不需要在我們做決定時說：「當然，沒問題！」三，傳達我們可以接受孩子有自己的感受，這將教會他們可以接受自己有大的情緒反應，這對於發展情緒調節至關重要。

說出孩子的願望

我最喜歡的一個（處理鬧情緒）策略，就是說出孩子情緒爆發底下的心願——具體的，大聲說出他們想要卻未能實現的東西。孩子總會有未被滿足的願望，不論是有形的，比如早餐吃冰淇淋，還是一些更內化的，比如想要更多的自主性或感受到被聆聽。當我們說出這些心願時，我們會立刻看到表面之下，辨識出讓孩子感到痛苦的東西——想要卻得不到。說出這些心願，會幫助你與孩子連結，喚起你的同理心，讓孩子感受到被理解，從而讓他們感到安全且良好，也有助於他們平靜下來。說出願望可以是小而具體，也可以是大而較偏主題性的。它可能簡單如「你希望早餐吃冰淇淋。我知道」，或者「你希望晚一點睡」，或者比較大方向的，像是「你希望能夠自己做所有的決定」，或者「你希望那件事沒發生」。

肯定孩子的情感強度

很多父母被告知在孩子生氣或難過時要「列出感受」（例如：「你很生氣！」或者「你感到難過，我知道。」）。這在一般情況下試圖與孩子建立連結時可能很有效，但在大發脾氣的時刻，我發現肯定情感的**強度**更加有效。當我們肯定孩子情感的強烈程度，有助於將混亂的情緒重新架構成具體且易於理解的東西。也許你的孩子為了等輪姊姊用的蠟筆而痛苦不堪。你可以說：「你想要那些蠟筆……你那麼那麼想要……渴望大到像這個房間一樣大！或者不……大到像整個房子！什麼？哇哦，像整個社區一樣大！」或者假設遊玩時間結束，你們必須離開公園，你的孩子對此非常生氣。為了肯定他的情感強度，你可以說：「你不只是一般的生氣……你的生氣大到像整個車子！不，更大——你的生氣大到像整條街道！」希望你的孩子能夠延伸，說出：「不，我生氣的程度大到像整個世界！」這是一個好現象——這意味著孩子感受到自己的情感有多麼強烈，他們能夠表達當下的嚴重性。在你肯定情感強度後，稍停一下，充滿愛意地看著你的孩子，或許還可以補充說：「我很高興我知道你的生氣有多麼大，這很重要。我在這裡陪著你。」

後續發展（對孩子來說是怎樣的結果？）

奧莉看著伊薩坐在地上，提醒自己在孩子發脾氣時的職責：「我的職責是保持身體的冷靜，確保孩子的安全……而不是停止他發脾氣。」這使她能夠深呼吸，將伊薩視為**正在經歷困難的孩子**，而不是**找她麻煩的孩子**。她記得，這次發脾氣很可能是一個訊號，告訴她伊薩身上積累了多個情緒壓力時刻，那些時刻並不美好，且需要他獨自控制情緒。而現在，在這個想要早餐吃冰淇淋的時刻，所有情緒一湧而出。奧莉告訴自己：「我沒有問題，孩子也沒有問題，我可以應付這個。」接著她告訴伊薩：「有兩件事同時成立……早餐不能選冰淇淋，而且你可以為此感到不高興。我能理解，因為我也喜歡吃冰淇淋。當你準備好了，我們可以找其他好吃的早餐。」伊薩聽到這些話時，似乎停頓了一下，但隨後又繼續哭著喊著要吃冰淇淋。奧莉坐在他旁邊的地板上，說：「你真的希望能吃冰淇淋，我懂。你那麼那麼希望，像整個廚房一樣這麼大……像這房子一樣大！這麼想要的東西卻得不到，真是很痛苦。」她耐心等著伊薩發完脾氣。奧莉很疲憊，伊薩也是，但奧莉提醒自己，她完成了她的職責，而且做得很好。

第14章 孩子攻擊性發脾氣時怎麼辦？

四歲的連恩看著他六歲的姊姊夏洛特在廚房裡抓起一個藍色水壺，連恩大喊：「我想要那個，藍色是我最喜歡的顏色！」媽媽艾莉森居中調停，說：「夏洛特已經拿了水壺。呃，我知道。你今天可以用紅色的或綠色的。」連恩爆發了，他走到水壺抽屜前，在媽媽趕到之前，把手伸進去，開始把水壺扔到廚房另一頭。艾莉森靠近他，他開始打她、掐她，尖叫著：「我恨你！我恨你！我恨你！」

即便是這些發脾氣的行為，也是正常的，也是健康的，我向你保證。這些類型的發脾氣，特指涉及**侵犯界限**（如接觸他人身體和攻擊性行為）是一個訊號，意味著孩子的額葉皮質，即負責執行功能的腦部區域，包括控制衝動的部分，完全處於離線狀態，他的生理機能被淹沒，處於「威脅」狀態。打人、踢人、掐人、吐口水、咬人……這些行為向我們表明，孩子的身體認為自己處於危險之中，而且他無法在當下調節，因此他以任何人在危險情況下的方式做出反應：激烈的自我保護。

人類大腦的前額葉皮質負責語言、邏輯、前瞻性思維和觀點發展（所有幫助我們調節和保持穩定的因素），在幼兒身上是極不成熟的，這就是為什麼他們會有如此強烈的情緒爆發。孩子來到這個世界，完全能夠感受和體驗，但對情感和感受的強度卻完全無法調節。他們不像成年人那樣理解身體中的焦慮和不適感，所以當他們感到困難時會覺得很可怕，而不僅僅是不舒服。

在上述的情況中，連恩不僅要與不能得到藍色水壺的挫折感抗衡，還要應對被劫持和驚訝的情緒。他感到沮喪，同時也害怕這種沮喪的感覺。從生物學角度來看，這意味著什麼呢？他的皮質醇，即身體的壓力荷爾蒙會增加，血壓和呼吸頻率也會增加，結果導致他思緒不清。他處於「戰鬥或逃跑」模式，這是由於他自己身體內部強烈且混亂的感覺所引起的「威脅」。由於孩子在照顧者向他們展示其他情況之前，會把變化解讀為威脅，情緒激烈的爆發是孩子表達的方式，意味著：「我對身體中的這些感覺感到害怕。我不明白發生了什麼。這些可怕的感覺正在攻擊我，我卻無法擺脫它們，因為它們就在我體內。幫幫我，幫幫我，幫幫我！」

學會保持冷靜並在真正激烈的發脾氣時幫助孩子，確實是一項困難的挑戰，除了因為孩子的行為令人抓狂，也是因為這些時刻需要父母極高的能耐。阻止孩子的情緒失控，需要父母**展現自己的權威**。儘管聽起來很有力量，這實際上是許多成年人在生活中遇到的困難核心所在，特別是對於女性：要挺身而出並占據空間。由於這一點非常困難，許多父母在潛意識中要求孩子自行負責解決困難時刻，而不是說：「我是這裡的成年人，我負責，我知道該怎麼做。」

另一個困難之處是，當我們以這種方式展現權威時，必須容忍孩子對我們表達不滿。當我們把孩子抱走時，必須有心理準備，他們可能會大叫：「不要，放我下來！」當我們把他們和朋友分開時，他們可能會憤怒地看著我們。這迫使我們自問一些艱難的問題，例如：「做出可能會遭到反對的決定，對我意味著什麼？」「當我想到我愛的人對我生氣時，我有什麼感覺？我有什麼衝動？」「堅持和展現我的權威，對我意味著什麼？」這些問題在我們掌握權威的旅程中至關重要，這樣我們就能在孩子情緒失控時透過界限提供愛護。

即使你面對了自己在展現權威方面的困境，你仍然面臨處理孩子失控行為的挑戰。首先要記住，**這些爆發時刻是因為孩子對自己體內湧動的感覺、衝動和情感感到害怕**。當你把孩子看作是害怕而不是惡劣或具攻擊性的時候，你會更能給予他們所需的支持。接著，提醒自己，在這些發脾氣的時刻，你的任務與在較不激烈的發脾氣時刻一樣：保持自己的冷靜，保護孩子的安全。在這種情況下，保護孩子的安全意味著專注於控制局面，因為一個失控的孩子需要家長堅定地介入，制止危險行為，並創造一個更安全、有明確界限的環境，使孩子無法繼續造成傷害。

在這些激烈時刻，不要試圖說教或培養孩子新的技能；控制局面是唯一的目標。我有時會在腦海中不斷重複：「控制局面，控制局面，控制局面。我正在盡我所能。我已經做得足夠了。控制局面，控制局面，控制局面。」

教養策略

「我不會讓你這麼做。」

大聲說出這幾句話：「你不能扔水壺！」和「請不要再扔了，拜託！」然後停頓，深吸一口氣。現在試試這句：「我不會讓你扔水壺。」這五個字——**「我不會讓你」**——對於每位父母來說都至關重要。這句話傳達了父母的權威，表明父母會阻止孩子繼續以失控並且最終造成糟糕感覺的方式行事。因為我們經常會忘記，當孩子失去控制時，他們並不感覺良好。他們不喜歡感覺自己的身體無法做出明智和安全的決定，就像成年人不喜歡看到自己行為糟糕一樣。然而，在這些發脾氣的時刻，孩子在發育上還無法自行停止。如果他們能夠停止扔東西，就會這麼做；如果他們能夠停止打人，就會這麼做；如果他們能夠停止咬人，就會這麼做。一個失控的孩子需要成年人介入，提供他們無法為自己提供的約束。用「我不會讓你」這句話介入，然後跟進，確保「我不會讓你」生效——這是一種愛和保護的行為。

這裡所謂的「跟進」是什麼意思呢？比如說「我不會讓你踢你妹妹」，這通常需要父母把兩個孩子分開；「我不會讓你打我」通常意味著你要做好手勢，預防打人發生；「我不會讓你在流理臺上跳來跳去」通常意味著要把孩子抱起來把他帶走。

值得注意的是，「我不會讓你」並不是日常事件的通用策略；我並不建議你一直指揮孩子做什麼，展現你的主導地位。「我不會讓你」是遇到孩子已經無法做出明智決定的時刻，當他做出危險的行為或需要強而有力的領導時才適用。在這些情況下，如果你用「拜託停止」或「你不能這樣」這樣的語言，孩子會感到害怕，認為他處於掌控的位置。這只會使他更加失控，因為他會感覺你在迴避權威，並認為：「為什麼爸爸媽媽讓我來決定？他們顯然看到我面臨困難，卻不肯介入幫助！我的情緒不僅壓倒並占據我身體，也已經完全壓垮了我的父母……沒有其他事情比這更可怕。」難怪孩子不能透過這種方式「冷靜下來」。

區分衝動與行動

有咬人的衝動是可以的，但咬人是不可以的；有打人的衝動是可以的，但打人是不可以的。找到安全的方式來引導孩子的衝動，比試圖完全壓制衝動本身更容易成功。例如，可以給一個經常咬人的孩子一條咀嚼項鍊。當你注意到他不高興時，可以提供咀嚼項鍊，以打斷將衝動釋放在另一個孩子身上的惡性循環。一個喜歡踢人的孩子可以被安制在一個房間裡，讓他們活動雙腿，狂舞和踢腿，但要注意安全，不能對另一個孩子造成傷害。畢竟，我們只能學會調節允許自己擁有的感覺和衝動；父母常常希望摒棄衝動（「你為什麼要打別人？你有什麼問題？」」），但如果我們以人性化的角度看待衝動，然後調整孩子釋放衝動的方式，孩子就能夠得到自我調節，隨著時間的推移，做出更好的決定。

控制火勢

把你孩子失控的情緒想像成一把火——這應該不難，因為這些時刻通常讓人感覺火熱且充滿爆炸性。情緒失控就像火一樣，沒有滅火器可以將其撲滅（畢竟，我們的情感是我們的核心——我們不希望讓它們消失），所以我們的目標必須是簡單地控制火勢。你會如何處理實際的火呢？你會希望把起火所在的空間變得盡可能小；如果可以的話，你會把火從一個大範圍轉移到一個相較侷限的區域，然後關上門，安全地等待它熄滅。

如果在你說了「我不會讓你這樣做」並介入制止失控行為，孩子仍然在暴怒，那麼你的孩子基本上是在懇求遏止。一個堅定的界限——阻止孩子做危險的事情——有時是最高形式的愛與保護。這向孩子傳達了他們的情緒火焰不會占據整個房子、院子或生日派對。這可以分解為以下步驟：

一、辨識孩子已經無法控制情緒的時刻。告訴自己：「我的孩子的情緒火焰需要被遏制。我能夠做到這一點。」孩子會試圖拒絕你的幫助，因為他們的身體正透過威脅的視角來解釋一切，但他們實際上是在對你說：「**請堅強一些。即使我尖叫和抗**

議，也請做對我好的事情。」

二、抱起你的孩子，帶他們到一個相對「安全」和小的房間（意思是沒有危險物品會被捲入情緒風暴）。一個小房間能夠透過身體溝通而非言語，向孩子傳達他們的情緒火焰不會燒毀整個房子。告訴他們：「我的首要之務是保護你的安全。現在安全意味著把你帶到你的房間，陪伴你。你並不是受到懲罰。我愛你。我在這裡。」在很多方面，這些話更多是給你自己聽的，讓你感受到自己的權威，記得自己的任務，而不僅僅是給孩子聽的。堅持你的立場，即使孩子拚命掙扎；記住，他們不是在違抗，而是處於恐懼的狀態。你是唯一知道他們現在需要什麼的人：你充滿愛意的陪伴和遏止。

三、進入房間，關上門，坐在門口，讓你的孩子無法出去。他們可能會嘗試，但幸運的是，你比他們高大。靜靜坐在那裡。

四、防止任何身體攻擊。為了感到安全和調節情緒，孩子需要證明父母可以阻止他們做出錯誤的決定，而且他們的感受不會危及自己或他人。做好準備，讓你的雙手可以擋住拳打腳踢，並對孩子說「我不會讓你打我」或「我不會讓你丟東西」。

五、專注於你自己深呼吸。讓呼吸有些誇張和聽得見，這對你和孩子都有好處。如果你只是坐在門口，做「熱巧克力呼吸」，你已經取得了進展。孩子能夠感受到父母的情緒狀態；即使在他們如此嚴重的情緒失控狀態下，如果他們能感受到你的情緒穩定，你正在幫助他們冷靜下來。

六、反覆告訴自己：「我沒有問題，孩子也沒有問題。我能夠應付這個。」如果以這種方式和孩子坐在一起讓你感到奇怪，告訴自己：「這感覺很奇怪，這表明這對我來說真的很新。這是一個好跡象，代表著改變。」

七、不要試圖說服，不要講道理，不要懲罰，也不要說太多話。你的孩子處於威脅狀態，無法消化任何詞語，而且可能會將你說的任何話都解釋為額外的威脅。但他們可能能夠對非言語溝通做出回應，比如我們的身體語言、語調和節奏。在這些時刻，把孩子想像成使用一種不同的語言，好像他們能「理解」你的意圖和動作，但不是詞語本身。因此，你的深呼吸、你平靜的存在是他們所需要的。等待這一切過去。可能需要五分鐘，也可能需要三十分鐘。

八、在和孩子交談之前，找到你的緩慢節奏和溫和語調。**大聲混亂的發脾氣需要冷靜穩健的聲音來**——以比平常更慢更輕的語調告訴孩子以下內容，同時眼睛望向一側或地面，因為當孩子（或成年人）處於戰鬥或逃跑模式時，直視眼神可能被解讀為一種威脅。「你是個好孩子，只是遇到了困難。我在這裡。我愛你。你做你的事吧。你有權感受這種情緒。」或者試著反覆地緩慢唱一首簡單的歌，然後做出聽得見的緩慢腹式呼吸。

所有這些遏止工作都向孩子傳達一個訊息：「你的情感可以流露出來，但我會阻止它們毀壞你周圍的世界。宣洩情感將對你有所幫助，但在憤怒中表現出來只會讓你感覺更糟。所以我會允許表達情緒，但阻止破壞。」

將心比心

在情緒激動的瞬間，孩子可能會說出一些難聽的話。「我恨你！」或「離我遠點！」或「我希望你死！」讓我們暫停一下，重新看待這些話。你的孩子並不是在對你說話。是的，孩子正在大聲喊出這些話，似乎是對你發洩，但請考慮一點：你的孩子實際上是在和**他體內**那些壓倒性、可怕、威脅性的情感對話。就像是孩子在對他的情緒失控說。「我恨你！」或「離我遠點！」或「我希望你死！」是一種保護自己甚至是求得解脫的方式。當你以這種方式重心看待孩子的話語時，你會發現保持當下和冷靜變得更容易。你會明白你的孩子感到驚恐和受到攻擊，並明確地需要你在他身邊。

講述故事

大多數人在經歷了一場孩子發脾氣後，都會心想：「呼，好在結束了，我們繼續前進吧！」但是，如果在每個人都平靜下來後，我們與孩子連結並回顧失控的時刻，可以得到很大的收穫。透過回到情緒失控現場，並加入連結、同理和理解，你就能在**失控時刻**上增加關鍵的**調節元素**。然後，在下一次孩子遇到困難時，這些元素就會更容易取用。

講述故事實際上是回顧混亂的情緒崩潰時刻，以建立連貫性。這有時是一種策略；你不必回顧每一次情緒爆發，但不妨偶爾從你的工具箱中拿出來用。比方說，孩子在他的哥哥說他不能參加他的遊玩聚會時，發了一次攻擊性的脾氣。幾個小時或者甚至一天之後，你可以說：「讓我看看我的理解是否正確……你想和但丁和凱托一起玩……然後但丁說不行……你說『拜託，拜託』，但丁還是說不行……那感覺糟透了，很難受，然後你開始又踢又叫……爸爸抱起你，帶你到你的房間，和你坐在一起……然後我們一起等待，你的身體逐漸平靜下來……」

這時許多家長會問：「**然後呢**？我接下來該怎麼做？我該告訴他們下次如何以更好的方式處理？」不需要！單純地添加你的存在、連貫性和敘述故事會改變這個經歷在孩子身體中的儲存方式；請記住，通往情緒調節的途徑（也就是減少發脾氣）始於理解和連結，而講述故事正扮演這樣的角色。現在，你可能會感覺到孩子態度軟化或開放，這時可以說：「嗯，被排除在外的感覺很糟糕。我想知道如果但丁再次帶朋友來時，你能做些什麼……」這很好，不會對孩子造成傷害。但請記住，關鍵要素是連結和講述故事，而不是解決方案。

後續發展（對孩子來說是怎樣的結果？）

艾莉森走向連恩，把他帶離水壺的櫃子，說：「我不會讓你扔！」艾莉森知道連恩處於完全受威脅狀態，並不會受到他「我恨你」的挑釁——她認知到真正的問題是連恩失去調節的可怕感受，而不是他表面上的言語或行為。艾莉森看到兒子感到失控，抱著他走到他自己的房間，透過握住他的手腕阻止他企圖攻擊。她只說：「我的首要任務是確保你的安全，而現在安全意味著把你抱到你的房間，陪在你身旁。你不是受到懲罰。我愛你。我在這裡。」她關上了門，把他放下，坐在他旁邊。連恩振臂高呼，大聲尖喊：「滾出去！我討厭你！」艾莉森把這想像成連恩實際上是在對他的情感說話，而不是對她，這有助於她承認自己作為堅強領袖正在經歷這場風暴。當連恩繼續這樣說時，艾莉森感到她的心跳加速，察覺到自己的挫折感增加。她告訴連恩：「我需要一點時間，我出去呼吸一下，馬上回來。我愛你。你是個好孩子。」她走出房間，做了幾次深呼吸，並提醒自己，她是安全的，而且能夠應付這一切。然後她重新走進房間，在連恩試圖踢她的時候阻止了他，並只說了幾句話：「我在這裡」「發洩出來」「沒關係，你是一個好孩子，只是遇到困難了」連恩最終冷靜下來，要求一個擁抱。艾莉森沒有懲罰或懷恨在心，她給了他一個擁抱，並說：「我知道……我都知道……我愛你。」

第15章 當手足競爭，應該關注個別需求

六歲的哈里和四歲的安妮卡正在玩積木，而父親雷在準備午餐。雷聽到一聲尖叫，然後是哭聲，接著是一片嘈雜的聲音。他跑進遊戲室，發現哈里正把所有積木攬到自己身邊，阻止他的妹妹拿到任何積木。安妮卡跑向她的父親，說：「他推我，他讓我摔倒了！」哈里尖叫著說：「才不是！她拿走了我正在用的積木！她總是給我找麻煩！」

為什麼兄弟姊妹會經常爭吵呢？讓我們從一本我相當喜愛的教養書《和睦相處的手足》（*Sibling Without Rivalry*）的兩位作者依蓮・馬茲麗許（Elaine Mazlish）和安戴爾・法伯（Adele Faber）給的一個精彩比喻說起。他們提醒我們，當一個孩子有了弟妹，對他們來說感覺就像你的伴侶得到了第二個配偶一樣。想像一下你的伴侶回家說：「好消息！我們

即將迎接第二個老婆！你將成為大老婆，然後會有一個小老婆，我們會是一個幸福的大家庭！」如果你跟我一樣，應該會環顧房間並想：「搞什麼？我是進入了一個平行宇宙嗎？這對我究竟有什麼好處？」所有的親戚和鄰居都在問你是否期待這個新老婆，然後九個月後每個人獻上禮物和擁抱歡迎她，而且從今以後，永遠都期望你愛上這個女人，並且和睦相處。想像有一天你從她手中拿走了她的東西，這個東西曾經是你的，每個人都對你大叫：「你不能這樣！你不能搶小老婆的玩具！看看她多麼幼小、無助、天真！」事到如今，我想我們已經不僅僅是困惑而已……應該會是充滿著因為感覺被忽視而產生的憤怒。這，就是兄弟姊妹的關係。

對於大一點的孩子來說，弟妹的加入啟動了**依附需求**和**被遺棄的恐懼**。從依附的角度來看，孩子**總是試圖弄清楚自己是否安全**。他們問：「我的需求會得到滿足嗎？我是否感覺到我的獨特特質、興趣、熱情和處事方式獲得認可和珍惜？在我的家庭裡，我是否被看作是內在良善的孩子？」當孩子互相爭吵時，他們是在「告訴」父母，他們感到不安，兄弟姊妹對他們在家庭中感到安全的基本需求造成威脅。

讓我們回到稍早的比喻，想像一下面對要迎接第二個老婆我們可能有的困難感受，以及需要另一半怎樣的協助。假設我們不能說服另一半「甩開」這個小老婆，我們至少需要另一半真正聽見我們，看到我們的經歷，給我們一些特別的相處時間和關注，並容忍我們對這個新伴侶會有各種感受。我們在與另一半的關係中越感到安全，新伴侶的威脅就越小。當然，這仍然會是困難和衝突的，因為要與另一個人分享你所愛的人的注意力，是一個持續不斷的挑戰，但有些因素會使情況變得更糟糕，有些因素會使情況變得比較容易管理。

在「較容易管理」的範疇中：父母必須接受孩子對兄弟姊妹的感情具有多樣性。許多父母堅持一種常見但不現實的說法：「兄弟姊妹應該是最好的朋友」或「孩子們應該總是友好相處」或「我給了孩子一個手足的禮物，他們應該很高興才對」。我是在暗示超過一個孩子是個壞主意、兄弟姊妹通常是敵人、或手足之間應該彼此惡言相向嗎？不，絕對不是。這些想法和第一組想法一樣極端。我想說的是，兄弟姊妹的關係是複雜的，我們越是欣賞這種複雜性，就越能讓孩子準備好去容忍所有可能出現情緒感覺，這樣他們就能更好地調節它們。當這種情況發生時，孩子的感受就不會經常在行為上表現出來，而這正是我們的目標。

記住：情緒感覺不是問題，問題在於對情感的調節。而孩子調節情感的能力取決於我們是否願意承認、認可和允許這些情感（當這些感受滿溢到成為危險行為時，我們需要設立界限）。我們越能與孩子們建立情感連結，讓他們表達自己的感受，比如在這種情況下，也許是對兄弟姊妹的嫉妒或憤怒，他們就越不太可能爆發惡意的行為：例如侮辱、毆打、嘲弄、貶低。

關於理解兄弟姊妹之間的競爭時，還有一個重要的考慮因素是出生順序。出生順序值得有一本專書討論，但讓我在這裡說幾件事。首先，老大習慣了一個人；他們受到父母全神貫注地關注，所以有了新的弟妹會徹底動搖他們的世界基礎。當然，這些孩子可以適應，但我們必須珍視這種變化的劇烈程度，考慮到他們對世界的所有期望都是建立在將自己視為家庭中唯一的孩子的基礎上。當一個新的弟妹進入家庭時，老大往往會表現出自我中心，但在「我不喜歡弟弟（妹妹），把他送回醫院」或「關心我！關心我！」的呼喊下，是一個內心正在經歷巨大轉變的孩子。

而老二和第三（以及第四等）的迴路剛好相反：他們的情感基礎是有另一個人不斷地在他們身邊，**不斷**能夠做他們（還）不能做的事，不斷地競爭時間和關注。身為第二個孩子很令人沮喪：你玩積木時，無法避免看到哥哥姊姊搭得比你快又好，你無法在不看到兄姊跑得更快的情況下在後院跑步，你無法在不看到兄姊輕鬆閱讀的情況下學習閱讀。這裡沒有需要解決的問題，只有需要理解的動態關係。

當然，兄弟姊妹之間的關係並不都相同。有些家庭看到他們的年幼孩子在某些方面比老大表現更加傑出。小的已經會自己閱讀，老大卻還在掙扎；小的在運動方面表現非常出色，而老大卻很平庸：這些微妙的情況都有其各自的挑戰。但在思考你的孩子到底發生了什麼狀況，他們的感受如何，哪些不安全感被喚起，以及孩子透過行為表現出哪些未滿足的需求時，請謹記，出生順序的動態關係至關重要。

教養策略

放下手機時間

在培養健全的兄弟姊妹關係中，沒有什麼策略比「放下手機時間」更為重要，或為每個孩子安排專門的獨處時間，讓他們和父母共度時光。孩子對父母越有安全感，他們就越能把兄弟姊妹視為玩伴而不是對手。當我自己的孩子仍處於一個特別具有挑戰性的手足階段時，我會提醒自己：「他們感到無所依附，沒有安全感。他們都需要更多與我連結的時間，以在這個家庭中找到根基。好，讓我們安排一些放下手機時間吧！」放下手機時間對於在多個方面實現改變至關重要——請參閱本書第11章，了解如何實現這一目標。

「不講求公平，而是關注個別需求」

我看到許多家庭把實現「公平」作為減少衝突的方法，但實際上，**追求公平**是衝突的最大推動因素之一。我們越是努力追求公平，就越是創造**競爭**的機會。當我們追求公平時，我們增加了孩子的過度警覺性；基本上在告訴他們：「繼續像老鷹一樣盯著你的兄弟姊妹。確保你注意到他（們）所擁有的一切，因為這樣你才能找出你在這個家庭中需要什麼。」還有一個更長遠的原因，為何我們不想在家庭中追求「公平」：我們想幫助孩子**向內找尋**他們的需求，而不是**向外找尋**。當我的孩子成年後，我不希望他們想：「我的朋友有什麼？他們的工作、住什麼樣的房子、開什麼樣的車？我需要他們擁有的東西。」那會是一個充滿焦慮和空虛的生活，將導致一種**內在空虛**——只有一種從外表看待自己與他人比較的感覺，而沒有內心的認知。

以下是遠離公平觀念的方法。當你的孩子尖叫「不公平！」時，努力將他的目光轉向內在。不要強迫，而是以身作則。與其讓事情變得平等（你很快就會得到新鞋！），不如標記孩子內心正在發生的事情。「眼看哥哥得到新鞋是如此困難。你也想要新的鞋子？現在不行，親愛的。在這個家庭裡，每個孩子都能得到他們需要的東西，但是你的鞋子狀況還很好。你可以感到不高興，我能理解。」

或者，如果你的孩子尖叫著說：「不公平，你趁我在踢足球的時候帶瑪拉去吃冰淇淋！你明天需要單獨帶我去買冰淇淋，就我一個人。你一定要這麼做！」一個「公平取向」的方法會導致你說：「好，我明天會帶你去吃冰淇淋。」這將教會你的孩子，他應該看別人（在此情況下，他的兄弟姊妹）來決定他需要什麼。

以下是一個基於「個別需求」取向的回應示範。

家長：「你希望和我一起吃冰淇淋，是嗎？」

孩子：「對，你需要帶我去！」

家長：「好，所以想一下我們明天的PNP時間，你會想以去吃冰淇淋的方式度過？」

孩子：「嗯……也許。或者我們之前說過可以一起去公園。嗯。可能是那樣。我可以想一想再讓你知道嗎？」

家長：「當然，你好好想想，然後告訴我你覺得什麼最合適。」

在這種情況下，孩子學會了觀看內心，找出自己的需求。

允許情緒發洩（但只對你）

當孩子知道他們可以坦誠地**與你**談論對手足的感受時，就不太可能將這些感受發洩在兄弟姊妹身上。因此，務必告訴孩子：「多一個妹妹可能感覺很不好受，是吧？」或「對於你的新弟弟，有這麼多種感覺是正常的——既有開心興奮的感覺，也有悲傷或生氣的感覺。所有這些感覺都是可以的，我們可以談論它們。」隨著孩子長大，他們可能需要更直接的對話：「我們待會兒要去看妹妹的體操比賽……我知道看著兄弟姊妹做某件事情並得到如此多的關注，情緒會很複雜。儘管有這種感覺，你仍然是個好孩子。我們可以好好聊。」記住：人的感受是有力量的；越是壓抑不允許自己擁有的感覺，更有可能以行為的形式彈出我們的身體。你越是允許孩子感到嫉妒，就越能在感受嫉妒時刻解決問題，反之亦然。越不允許嫉妒（不能那樣說妹妹！），孩子在嫉妒浮現時發展的處理技巧越少，嫉妒就越有可能以侮辱

（瑪西是這裡最差的體操選手，她很爛！）或行為（在觀眾應該保持安靜的時候大聲喧嘩，從你身邊跑開，大聲尖叫）的方式出現。

關於情緒發洩，有一個點要特別注意：我絕對不容許兄弟姊妹互相侮辱或言語人身攻擊。在我看來，這是一種欺淩行為，我鼓勵家長對此採取堅定態度。言語人身攻擊並不是無害的取笑，這是一個孩子削弱另一個孩子自信心的一種方式，尤其是當父母不介入制止時。這就是為什麼我鼓勵父母與每個孩子建立專屬的關係，讓他們可以私下就他們對兄弟姊妹感到憤怒或嫉妒的情感進行對話，一個專門的空間可以表達這些情緒。你甚至可以在與孩子獨處時明確表達這一點：「我知道有兄弟姊妹很不容易。我知道你對妹妹有很多話要說。當我們在一起，只有我們兩個人的時候，你可以跟我談這些，我不會試圖說服你改變想法，也不會告訴你不該有這種感覺。我會試著理解並幫助你。還有……另一個重要的事情：我絕對不允許你對妹妹說難聽的話或侮辱或惡意嘲弄。我的首要任務是保證這個家庭中每個人的安全，而安全包括我們彼此之間使用的語言。」

有危險時介入，無危險時放慢腳步並進行敘述

我們希望教導孩子彼此解決問題，而不是依賴我們來判斷誰對誰錯，誰先誰後。要做到這一點，我們必須教導他們在情緒激動時**放慢速度**；一旦孩子情緒稍加穩定，他們通常會自然地解決問題。例外的情況是什麼？當有危險時，這不僅指動手打人、扔東西、肢體衝突和

威脅，還包括惡毒苛薄的辱罵、言語人身攻擊、甚至情緒霸凌。在這些情況下，我們必須介入保護雙方：**被威脅的孩子**和**失去控制的孩子**，兩個孩子都需要我們的幫助。

有危險時介入

當孩子失控時，他們需要家長明確展現我們能掌控局面。這時，你可以再次使用前面章節提到的「我不會讓你……」的說法。「我不會讓你打妹妹。一定是發生了什麼不愉快的事情。你可以生氣，我可以幫你找到另一種方式來表達。」這一句「我不會讓你」可能需要結合實際行動來強化，比如走到孩子之間，或者把一個孩子拉開。在你介入之後，評估孩子是否已經冷靜下來，或是需要被進一步分開——不是因為有人犯錯或有麻煩，而是因為你需要更多的空間來保證每個人的安全。

如果情況如此，請使用這些話：「我需要你們兩個人現在去你們的房間。這不是懲罰，我的首要任務是確保每個人的安全，而現在的情況，安全意味著兩個人分開，這樣我們才可以冷靜下來。我等一下就會去檢查你們兩個的情況。我愛你們。」這也可能意味著抱起一個失去控制的孩子帶到她的房間，同時對另一個孩子說：「我知道你很難受。打人是絕對不行的。你妹妹需要我幫助她緩和下來。我等一下就回來看看你，我知道你也需要我。我愛你。」

危險的「我不會讓你」情況也可能包括惡言、挑釁或嘲笑戲弄；這是父母可能介入並將孩子分開的另一個原因，保護一個孩子免受欺負，並保護另一個孩子不再繼續扮演欺負人的角色。兩個孩子都需要我們的幫助。

無危險時放慢腳步並進行敘述

當孩子在爭吵或情勢逐漸升級，但沒有身體上（打人、踢人）或言語上（威脅、罵人）的界限侵犯時，我們的角色是**緩和事態**，而不是**解決問題**。以調節**自己**為原則，而不是強迫孩子調節（「我知道我需要深呼吸！」而不是「請深呼吸！」）。提醒孩子，你不是真理的仲裁者，幫助他們各自敘述自己的觀點，不要偏袒任何一方，也不要將某人定為「壞孩子」或「好孩子」。以下分享一個例子：你的孩子正在爭奪誰可以玩他們最喜歡的消防車玩具。兩個人都在尖叫、發脾氣。**解決問題**聽起來像：「讓傑西先玩，她才兩歲，拜託！」或「米可，你先用，然後再換傑西。」

緩和事態聽起來像：「先把消防車給我——好，我拿到了。現在，我知道我需要深呼吸。」做幾次深呼吸，讓你的孩子「借用」你的調節。「嗯，兩個孩子，一輛車！這確實很棘手。我想知道我們能怎麼辦？我想知道這裡有沒有可以解決問題的人……」然後暫停一下。提醒自己，你的工作是放慢腳步，以便孩子能夠調節他們的身體，並能獲得自己解決問題的技能；你的任務不是盡快解決這個問題。在這裡，你正在幫助孩子學習導向解決問題的過程；當我們為孩子解決問題時，我們只是讓他們習慣仰賴我們來解決問題，這對每個人來說都是煩惱。

後續發展（孩子們後來怎麼了？）

雷記得「緩和事態，不要解決問題」，並透過**自己**調節情緒來示範。「哇，這裡發生了很多事情！我知道我需要深呼吸！」他把手放在自己的胸口上，深吸了幾口氣；這跟哈里和安妮卡平常在父母身上看到的情況不同，足以讓他們自己暫停下來。雷繼續說：「我看到兩個不高興的孩子……我知道你們都不喜歡事情的發展。我也知道我不會是決定誰對誰錯，或者到底發生了或沒有發生什麼事的人。安妮卡……看來你也想玩這些積木……而哈里，看來你有一個建築計畫，想把積木留給自己。哦，這真是太傷腦筋了。兩個孩子都想要積木，都充滿創意想法……我打賭，如果我們真的好好想一下……我們可以找到一個解決辦法。嗯……」然後他停頓了一下。最後，哈里說：「好，這些積木拿去吧。」安妮卡似乎很滿意，雷對此感到很疲憊，但他提醒自己，他的孩子正在學習如何解決問題，而這個過程對實現這一目標大有幫助。他將這些經歷歸檔儲存腦海，以供日後使用。同時他注意到安妮卡和哈里可能都發現跟手足相處不易，所以他決定為兩人分別安排專屬的PNP時間。

第16章 當孩子故意反抗時，先冷靜下來

八歲的法拉問媽媽海瑟，週末晚上可不可以去朋友家玩。海瑟回答：「你知道我們週六要去看奶奶，所以不行。」

「我恨這個家。」法拉喃喃低語。

海瑟說：「你剛剛說什麼？再給我說一次！」

法拉爆發：「我說我恨你，我恨這個家！你是全世界最爛的媽媽！」

「你怎麼能這樣對我說話？現在立刻回你房間！」

當孩子失去分寸，甚至直接反抗時，父母有兩種選擇：從不尊敬**我們**的濾鏡看他們的行為（我的孩子忤逆我！）；或是從**他們**情緒失調的濾鏡看他們的行為（我的孩子現在很痛苦。）

我們很容易從第一種濾鏡看事情，因為我們也很習慣這種思維。可是想想自己——為什麼你有時會對人失禮？為什麼你會跟老闆頂嘴，不聽老闆的命令？我每次都會想到同樣的原因：我覺得被誤解。我希望得到關注，但沒人注意我。某人沒有認真**聽我說話**，我覺得很挫敗，也覺得我們的關係不如想像中的牢固。了解自己為什麼會行為失當，可以幫我思考怎麼處理孩子失禮或反抗的問題。

假設你跟七歲的兒子杭特說，今天早上不可以打電動。結果吃完早餐後，你就看到他在遊戲室玩《勁爆美式足球》。如果我們採用忤逆父母的濾鏡，會想：「我都說過不行了，把我的話當耳邊風嗎？杭特怎麼這麼任性，一點都沒把大人放在眼裡！」感到**不受尊重**，通常就是讓我們衝動大吼或進行懲罰的導火線——這麼做不見得能讓杭特學會尊重我們，只是因為我們成人無法忍受權力被剝奪的不適感，懲罰可以維護權威，**讓我們比較好受**。

可是當我們用情緒失調的濾鏡看待杭特的行為，我們就會想：「杭特非常渴望某件東西，但我拒絕了，他無法忍受得不到的感覺。我得讓他學習接受失望。此外，我們之間的連結可能出現了問題，因此他不想聽我的話。」

我們都知道小孩不太會調節情緒；感受越強烈，他們越難管控自己。成人產生強烈情緒時，我們可以用溝通解決，或深呼吸，或先讓自己冷靜下來，可是小孩不會這麼做，他們會用其他方式表現，例如像杭特那樣直接抗命，或是像法拉那樣，說出「我恨你」「你最好溺死」之類的話。感受越是猛烈，孩子的言行就越可能失控，逼得父母常常因此推開他們（你不能對我說這種話！馬上給我回房間！）。這使我們陷入了一種惡性循環：父母激動回應孩子的無禮行為，導致孩子不受理解的孤獨感更強烈，情緒也更加惡劣（請記住：讓事情變糟的往往不是**情緒本身，是因為有某種情緒而感到孤獨**這件事），做出更多失控的言行。

父母應該試著區分，哪一部分是孩子尚未成熟的情緒調節技巧（因為有限的情緒調節經驗讓他們出現失禮、反抗的言語或行為），哪一部分是孩子的真實感受（憤怒、悲傷）。為了弄清事情的全貌，我們應該學著觀察孩子行為背後的心情，將尖銳的言語視為求救訊號。我們也必須放棄用懲罰來阻止孩子再犯；不懲罰不會惡化問題行為，「如果這次放過他，他就會覺得以後都可以這樣對父母」……這種假設人類行為只會向下沉淪的觀點，我不贊成。

想像一下我們自己生活中的失禮行為：你過了很糟的一天，另一半問你有沒有把餐具拿出洗碗機，你回答：**「我已經做了超多事，沒空弄洗碗機，你自己不會做嗎？」**想像一下，另一半看到你的無禮行為，沒有保持沉默，也沒有責備，而是說：**「哇，你好凶。可是親愛的，你一定是覺得太累才會有這樣的反應，這件事比你講話的口氣還重要。所以我們來聊聊今天發生什麼事吧？我想知道。」**

感覺如何？在那之後，你還會對另一半那麼凶嗎？如果你的另一半回答：**「我不能容忍你這麼無禮，罰你一週不能看電視。」**你又會有什麼感覺？我想我們都知道，這種情形鬧到最後沒人會開心。同樣的原則也適用於孩子：以同理心和善意回應他們的無禮行為，會讓他們覺得受到關注，也有助於啟發他們做出善意回應。

教養策略

不要立刻回應

如果把孩子的狠話完全當真，立刻回應他們的行為，你就上當了。孩子的行為表現背後隱含著更深刻、脆弱的心理因素，言語本身不重要，你要注意的是**言語掩飾的情感**，發現兩者之間的差異至關重要。

具體作法

- 步驟一：為孩子的行為設立**界限**（我不會允許你……或是我不會讓你……）
- 步驟二：為孩子的行為提出**最寬容的解釋**，承認他的深層感受、憂慮，以及想受到關注的渴望。有時不必說話，單純的陪伴就夠了（請記住，孩子會認為你願意陪伴他，表示他具有良善的特質，因為他的言行沒有嚇跑你）。

範例

- 「我要關掉遊戲機，控制手把也要收起來了。你不覺得奇怪嗎？我說過不行，你還是照玩不誤。我們來想想，為什麼一講到打電動你就那麼不在意我的想法？我們之間發生了什麼事讓你想這麼做？」
- 「哇，這些話滿狠的……你一定是覺得很難受才會講這種話。我知道積木倒了讓你很生氣。如果是我，我也會很生氣。我在這裡。我愛你。」

- 「我不許你用這種口氣說話……你應該是因為很多事都讓你不開心才會這樣對我。我想要找時間好好跟你單獨相處。我知道在這個時代當青少年不容易。我想聽你說，了解你的想法。就算你對我發脾氣，我還是愛你。」
- 有的時候，無聲勝有聲。你可以只是深呼吸、點個頭，或是看著地板。在情勢緊張時，連眼神接觸都可能是多餘的，但你讓自己靜下來的簡單動作等同告訴孩子：「我聽到了。我在這裡。我愛你。」

展現父母的權威（不必懲罰或變得很凶）

當孩子蓄意反抗時，你可以：

一、深呼吸。請記住，孩子反抗，不代表他不看重你，也不代表他很壞。

二、展現父母的權威。當你用設立界限的方式重新確立你的角色，請記得說出你正在做的事（永遠都要弄清楚你的職責）。兒子在沙發上亂跳，你要把他抱起來時，你可以說：「我要把你抱離沙發。」或是看螢幕的時間結束後，你發現女兒躲在衣櫃裡偷用 iPad，你可以說：「你可以現在就把 iPad 給我，如果你捨不得，我會直接拿走。」或者說：「親愛的，我現在就要把平板收起來，我知道這會讓你不開心。」

三、維護界限。但要記得，你這麼做是因為孩子沒有控制衝動的能力，不是因為孩子違抗你。為了做到這點，你可能要一直待在房間裡，陪著沒在聽你說「不准跳」的兒子，或是把 iPad 放到女兒碰不到的地方。不要期待你的孩子「被抓到」之後，會突然學會控制衝動的能力。你的孩子**透過行為告訴你**，他們需要你幫忙設立界限，所以你要用行動幫他們。

四、想想看有沒有辦法**轉化**他們的衝動。換句話說，你能不能幫孩子找到一個方法，讓他既能滿足渴望，又不會破壞界限？你可能可以說：「看得出來你真的很想跳。可是我不能讓你在沙發上跳。我們去外面的草地上跳吧！」或是「你是不是想告訴我，要幫你想一些好玩的活動，這樣我在忙著回工作郵件時，你就有事可做？」

五、之後再反省並採取行動。孩子在哪一方面比較難控制衝動？等雙方都冷靜下來，孩子需要練習應對衝動，他要學會先讓自己停下來深呼吸，找另一個比較好的選項。你可以怎麼幫他？要讓孩子遵守某些規則，是否需要設法讓他們更贊同你？

說實話

當你想訂下一條**明知**孩子不會喜歡的規矩，還是要照實說。因為這麼做，可以讓孩子覺得經驗受到肯定，有助於增進你們的親密感，也可以事先讓他們有機會去思考怎麼調適。你可以跟孩子說：「不可以在沙發上亂跳。你覺得我很煩對不對？我知道你喜歡跳上跳下，沙發又很有彈性很好跳。我們來想想還有什麼可以讓你跳好嗎？」或是「我有一些工作郵件要回覆。我想你也知道我們的家規就是晚一點才能用 iPad。我忙的時候，你可能想不到還有什麼好玩的，所以你會希望我們可以保留玩iPad這個選項。我都了解。不過……我們還是想想，我在工作的時候你可以做什麼？」

先維繫連結，等大家都冷靜時再訓練情緒調節能力

孩子一頂撞或反抗我們，我們常常就會想跟他**保持距離**。然而在這種時刻，孩子反而最需要我們努力跟他保持連結。雖然他做出一堆無禮、挑釁的行為，內心深處其實在吶喊：「我覺得你不懂我內心經歷了什麼。我希望你來理解我，靠近我，發現我是內在良善的孩子。你不必允許我做任何想做的事，可是你要幫我搞清楚為什麼我會做這些事，幫我找到跟你保持連結的方法。」這時「PNP時間」就很關鍵。你可以這類問句開啟話題：「我有跟你說過……的故事嗎？」接下來就是填滿遊戲了。

後續發展：這套方法怎麼幫助孩子？

海瑟一聽到法拉大叫：「我恨你！」就先記得提醒自己：這是一時情緒失調，法拉不是真的不尊敬她。她肯定了法拉的感受：「我了解……不能去阿米娜家你很難過。」這個回應讓法拉嚇了一跳，但她還是沒有消氣：「你不懂！你永遠都不會懂！」然後海瑟想起有時單純的陪伴就夠了，她深吸一口氣，看著地板，慢慢點頭說：「我在這裡。」

那天晚上，等母女兩人都冷靜下來後，海瑟坐在法拉的床上說：「我知道你不喜歡錯過朋友之間的趣事。我以前也很討厭這樣。我跟你說過嗎？我以前因為弟弟的足球比賽，不能參加朋友的十六歲生日派對……感覺糟透了，我那時超氣。」然後海瑟再度用言語強調了法拉的良善：「你剛才只是一個心裡不痛快的好孩子，我都明白。無論你做什麼或說什麼，我都會一直愛著你。」

第17章 當孩子抱怨時，是在表達無力感

艾迪絲在媽媽伊瑪妮旁邊的桌子寫作業，伊瑪妮一邊教她，一邊用手機回郵件，一邊留意在客廳爬來爬去的小弟弟。艾迪絲寫斷了鉛筆芯，便大聲地跟媽媽發牢騷央求：「我需要削尖的鉛筆！媽媽可以給我削尖的鉛筆嗎？可以嗎？可以嗎？」伊瑪妮覺得自己快炸裂了。

如果孩子發牢騷讓你覺得很煩，歡迎加入被煩死俱樂部，我還是創始會員呢。然而，我們還可以看得更深入，找出是什麼讓我們煩躁，為什麼會煩躁——這些正是讓我們認識自己的重要線索。就連「讓我們很煩」這樣的形容，也說明了特定行為讓我們產生什麼樣的反應迴路。所以當孩子的抱怨讓我們抓狂時，了解實際上發生什麼事，有助於找出處理方法。

父母經常將發牢騷看成不知感恩的表現，尤其當小孩不喜歡我們煮的晚餐，或是吵著要

買新玩具時，我們以往付出的一切努力彷彿都白費了。可是這種看法往往忽略了孩子在這些時刻的感受。我是這麼想的：孩子是因為覺得**無助**才會抱怨，「**抱怨＝強烈渴望＋無力感**」是我常用的公式。當小孩想穿衣服，卻無法駕馭自己穿衣服的任務時；或是當小孩想找朋友一起到家裡玩，你卻拒絕時，抱怨就出現了。那麼為什麼抱怨會觸發我們的煩躁點呢？問題不在於小孩拔尖的聲音，或是看似沒完沒了的要求。如果抱怨代表**無力感**，你會覺得煩，可能是因為你成長的家庭讓你必須藏起脆弱的一面。如果你從小到大常常聽到「給我振作起來！」「凡事要靠自己啊！」「別撒嬌了好嗎！這個你做得到！」那你可能很難寬容對待**自己的**無力感，最後就學會強迫這部分的自己藏起來。現在聽到孩子抱怨，也像是聽到自己的身體在說：「喔我知道這個要怎麼做——別管它就對了！別管它！」你應付孩子的反應，就是你以前學會應付自己的反應。

但事實上，即使是成人，也很難忍受**欲望**和**無助**加乘的感覺。我發現自己在同樣的情緒條件之下也會發牢騷求人。記得有一次上班前我去某家咖啡店，發現門竟然還鎖著，店經理從門裡探頭對我說：「我們今天比較晚，要再等二十分鐘才開店。」我吃了一驚，因為我那天早上提早出門，還沒補充咖啡因的身體很需要一杯咖啡，可是我等不了二十分鐘，否則開會就會遲到。「可以先做一杯給我嗎？拜託你們！」我在外面哀求的聲音聽起來很討厭，身體也覺得難受，充滿著絕望和無力感。

孩子在尋求連結的時候也會抱怨，暗示他們覺得孤獨，他們的欲望沒得到關注。有時為了孩子好，我們會基於職責做出一些讓他們抗議的決定，但還是可以練習理解他們、與他們建立連結。孤獨感和絕望是很令人難受的，畢竟人類要與他人有連結並有所希望，才會最有安全感。當然這不表示你要答應孩子提出的荒謬要求，可是當你越注意孩子行為背後的感覺，並給予他們需要的連結，他們就會越少抱怨。而當他們**真的抱怨**時——他們遲早還是會這麼做——想一想你在這些底層情緒發現的事，就可以找到度過這些艱難時刻的關鍵，不必因為孩子抱怨而改變你的決定。了解抱怨背後的動機可以減少類似情況，也有助於在抱怨無可避免出現時更有效應對。

回到我買咖啡的例子。讓我更有安全感不是咖啡店經理的責任，可是如果他不只是簡單地說：「我們會晚開店。」而是出來門外解釋：「我知道我們平常都八點開門，所以你今天希望一來就買到咖啡很合理，不過我們遇到一些問題，今天要等到八點半才開店。你一定很失望，想喝咖啡卻喝不到，感覺應該糟透了！」我在想我是否還會崩潰說出「拜託你們」之類的哀求，很可能不會。假如我**還是**崩潰了，店經理對我說：「我也這樣過。」（連結）或是「我明白這讓你覺得很糟，但我覺得你應該會想出別的辦法。」（希望）我想我的感覺會好很多。

最後一個可能讓孩子抱怨的原因很重要：他們常常尋求發洩情緒的管道，當每一件事都讓他們覺得快要受不了時，抱怨就是徵兆，表示他們需要「全部宣洩出來」。最近某個週六下午，我兒子一下要求他喝的水要放「九顆冰塊」，一下又抱怨水太冰，要求把水加溫，同時保留冰塊。我們熬過那個時刻之後，他又開始挑剔午餐的義大利麵和起司——先是說想吃沒有起司的義大利麵，接著又說要放一些起司，然後說要放滿滿的起司，後來又說不要麵也不要起司。這個過程讓我越來越挫敗，一個接著一個牢騷讓我非常不快，等我暫緩一口氣，才想到：「嗯，兒子其實是在要求我幫他設下界限，這樣他才能宣洩一些情緒，他是在用抱怨和無理要求跟我說：『媽咪，請堅定地幫我控制局面，我想好好哭一場。』」我不再試著讓情況好轉，只是對他說：「沒一件事讓你好過，是嗎？沒有一件事讓你滿意。我明白了，親愛的。有的時候就是會這樣。」他沒有回望我說：「喔，媽咪你真懂我。」相反的，他又尖叫又抗議又大哭。我把他帶回他房間，陪他坐著，直到他將情緒都宣洩出來。如同我所發現的，他需要這麼做，他的抱怨其實是一種懇求。

教養策略

連通你心中的抱怨鬼

如果孩子的抱怨很容易惹惱你，而你成長的家庭確實不容許你展現軟弱的一面，我希望你嘗試一件事。現在，把手放在胸口，告訴自己：「感到無力、需要幫助很正常，就算是堅強、有韌性的人也會有脆弱的時候。」你甚至可以試著在鏡子面前練習抱怨，像是講每天要回的電子郵件有夠多、沒有動力做家事、感覺很累等。很奇妙，**當你越能接受**會抱怨的自己，就越不會被抱怨惹怒。如果小孩的抱怨還是點燃你的怒火怎麼辦？你可以大聲說：「等一下，我需要深呼吸。」然後把手放在胸口，一邊深呼吸一邊對自己說：「我很安全。我可以應付。」

幽默回應

大人的玩心是應對孩子抱怨最好的辦法。用搞笑或幽默的方式回應抱怨，也是在提供孩子最需要的「連結」和「希望」，因為這兩種事物會在心情輕鬆的時刻出現（不過，我們應該要記得，玩笑**不是**嘲笑，玩笑可以促進連結、讓氣氛變輕快，但嘲笑會拉遠距離，讓孩子感到羞恥）。下次孩子吵著要你幫忙拿睡褲時，深吸一口氣，提醒身體說你很安全，然後試著做類似這樣的事：「喔喔天哪……抱怨又來了！到底是從哪裡跑進來的——」走到窗邊看一下外面，同時自言自語「到底從哪裡進來」，看到小孩放鬆下來，繼續說：「好吧，我也不知道抱怨怎麼進來的，不過我們可以把它們丟掉，送給別的小孩！」走到孩子身邊，假裝把抱怨「抽出」孩子身體，丟到窗外或門外或其他地方，然後回到孩子身旁說：「好了，抱歉，你剛剛說什麼？喔對，是要拿你的睡褲嗎？」這時你可以幫孩子拿了。這樣的回應不會「強化」抱怨，而是會讓事情變有趣，並且增進親子連結。

用你自己的聲音重申要求，然後放下這件事

很多父母相信，在孩子發牢騷央求之後，應該要讓他們用「更堅定」的方式重申要求，這樣他們才不會一直用煩人的語氣說話。這樣的想法本身沒有錯，有時能用比較不死板或強勢的語氣對孩子說：「你可以別用碎碎唸的方式提出要求嗎？」當然很好。可是有時候，堅持讓孩子用更「適當」的語氣重申請求，反而會讓我們跟孩子發生沒必要的拉鋸戰，本來沒什麼大不了的小事頓時升級成親子大對抗，如此一來這個作法就失去價值了（會讓雙方陷入權力鬥爭的方法都不值得使用）。

與其要求孩子重申要求，我發現自己來示範怎麼提出要求，然後放過孩子，是更人性化也更有效的作法。示範是什麼意思呢？當孩子說：「爸爸，我要我的書書！」你要說的不是：「你給我用正常的方式重說一次。」而是直接說：**「爸爸，你可以幫我拿那本書嗎？謝謝你！」**然後「轉換」到自己角色回答：**「當然，親愛的，沒問題。」**把書拿給孩子，深呼吸，放下想說教的心態，相信孩子會分辨兩種請求方式的差異，並學起來。

看見需求

孩子抱怨，是想得到更多的關注、連結、溫暖、同理心，以及認同。針對這類抱怨，我們有幾件事可以做：

- 放下手機，對孩子說：「我放下手機了。我覺得你好像很在意我一直被手機打斷注意

力。現在不會了，我在這裡。」

- 蹲下到跟孩子差不多的高度，然後說：「你有心事。我相信你。我們一起來想辦法。」
- 同理兒童常見的困境：「有時候當小孩很不容易，我懂。」有時你還可視情況繼續說：「你希望可以自己做所有的決定。我都明白。」
- 允許情緒宣洩：「都發洩出來吧，寶貝。我知道你很難受。有我在這裡陪你沒關係。」
- 玩填滿遊戲：「你是不是想告訴我……你沒有得到足夠的媽咪？我可以幫你填滿嗎？」

後續發展：這套方法怎麼幫助孩子？

伊瑪妮意識到孩子抱怨會讓自己不快，所以當艾迪絲吵著要削尖的鉛筆時，她深吸了一口氣，回答：「這個牢騷是從哪裡進來的呢？不敢相信它居然這樣偷溜進來，我們應該是沒關好門哦！好啦，我來把這些小牢騷拿走，丟出去！」伊瑪妮打開窗戶，在關窗前做了一個丟出去的動作。身體活動讓她冷靜下來，也為她爭取到消解衝動反應的時間。伊瑪妮回到艾迪絲身邊，對她說：「好了，都丟出去了。希望不是你的好朋友蓋比和拉吉撿到這些小牢騷，拿它們去煩爸媽，這樣就太哎額了……」接著伊瑪妮換了語氣說：「好的，抱歉，你剛剛說想要什麼？削尖的鉛筆？沒問題，我拿給你。」伊瑪妮把鉛筆拿給艾迪絲時，她注意到艾迪絲看起來心情變好了。後來晚餐時間很和樂，以前會出現的拉鋸戰或爭辯都沒發生。

第18章 將謊言視為願望，孩子就會比較願意說實話

傑克放學回到家，媽媽戴拉對他說：「老師打電話來說你在遊樂場推歐文，這是怎麼回事？」

「我沒有推任何人，」傑克回答，「根本不是老師說的那樣。」

戴拉加強語氣：「不准跟我說謊！你如果騙我、不老實交代發生什麼事，懲罰會更重！」

「我沒說謊！」傑克回答：「爲什麼你相信老師，不相信我？你每次都怪我！」

母子倆陷入僵局。

為什麼孩子會說謊？我們先來看看什麼事跟說謊無關，再來談什麼事跟說謊有關。孩子對我們撒謊時，我們通常會預設最糟糕的可能性，想著：「這孩子怎麼這麼不聽話！」或是

「居然當著我的面撒謊……這是反社會人格者的行為，這孩子該不會有什麼毛病吧！」其實從被忤逆的濾鏡看撒謊這件事（你在對我說謊嗎？不准這樣小看我！）完全畫錯重點，我們跟孩子只會因此陷入親子大對抗，最後落得兩敗俱傷。實情是，孩子會說謊，並不是因為他們想挑釁，或想偷做壞事，或反社會（就算你只是開玩笑）。如同其他章節提到的行為，說謊通常關乎孩子最根本的渴望，或是他們對依附關係的感覺，他們這麼做並不是為了控制別人，或是「走捷徑」騙取利益。

我的意思不是說孩子撒謊時你應該「輕輕放過」，只是我不會將處理重心放在讓孩子立刻說出實情。我會著力於找出孩子說謊的真正**動機**，這樣才能從根本解決，並打造一個更容易說實話的環境。我們不能改變不了解的行為，如果想讓親子關係充滿理解或有所改變，懲罰、威脅、發怒從來都不管用。

孩子撒謊主要有幾個原因。首先，他們心中對於想像與現實的界定不像成人那麼明確。他們玩假裝遊戲時，不受現實規範的限制，很容易進入不同的世界，將其他人物的特質融入到自己身上。我自己就很愛玩假裝遊戲。這是由孩子控制的安全世界，他們在其中可以自由表達或探索他們遭遇到的問題。當你心裡清楚檯燈是因為被女兒弄倒而壞掉，你問女兒時，她卻回答：「沒有，我那時在房間裡玩。」這表示你的女兒可能進入了自己的想像世界，這樣她才能**調適**罪惡感，處理讓你失望或發火的恐懼。我們可以從兩個角度看這件事：孩子正在「避免說實話」；說實話太難太恐怖了，她寧可進入一個可以掌控的想像世界，編織一個自己比較喜歡的結局。

當我們開始從孩子的謊言思考他的**願望**——也就是他想維持控制和改寫結局的渴望，我們看到的不是孩子怎麼說謊影響我們，而是從中發現孩子想要感到安全，想要保持內在良善。孩子的行為始終受到這些需求驅動，成人也是。當一個孩子認為他的父母沒把他當可愛的寶貝，他就會逃進一個看起來美好良善的想像世界。說謊其實是演化的副產品：孩子必須依附父母才能生存，而依附關係的好壞取決於孩子是否感到安全、被需要。當你問女兒是不是她弄壞檯燈，我猜她首先想到的是：「我希望檯燈沒壞，我希望剛剛沒在檯燈旁玩，我希望那時是在房間裡玩。」這些願望演變成她的回答：「我那時是在房間裡玩。」可是如果我們把這個回答當成說謊，告訴她：「不准騙我！」就會錯失她講這句話背後的想法和感受。

當孩子相信說實話會威脅到他們與父母的依附關係時，他們也會說謊。依附關係是一種接近性系統，孩子必須親近照顧者，同時讓照顧者想與他們保持親近。孩子會時時用這個原則檢視他們與父母之間的關係。他們會考慮：「如果我把這件事告訴父母，他們會把我推開，還是會讓我繼續待在他們身邊？」如果孩子預期自己無論做什麼事，父母都會把他們當成壞孩子，把他們推開，那麼他們就會說謊。身體的反應迴路會設法保護自己不被遺棄，而被視為壞孩子是童年時期最大的威脅（我現在不想看到你。回去你房間！或什麼樣的人會對媽媽撒謊不打草稿？你有什麼毛病？）。我們所謂的說謊行為，通常只是孩子身體裡的自保系統在運轉，跟「操控別人」沒什麼關係。

最後，值得注意的是，孩子說謊的第三大原因，是為了確保自己的獨立性。無論是大人或小孩，我們都有確認自身定位的需求，這樣我們才能知道自己是誰，是否為自己存在。我們討厭受制於人，因為這讓我們覺得主體性不受承認；人們會盡其所能反抗這種情形，甚至會為了保有一點點屬於自己的人生，做出損人不利己的事。孩子無論幾歲，也都需要保有一部分與父母無關的生活，去體驗為自己作主的感覺。對有些孩子來說，撒謊就是滿足這種基本人性需求的重要手段。如果一個幼兒的家裡嚴格管制食物，他就會**認為**偷吃餅乾代表他可以掌控自己的人生；長期承受龐大課業壓力的青少年決定不為考試讀書，他**認為**這是在向父母宣示獨立。所以當孩子說謊：「我沒吃餅乾！」或「我已經讀完了！」他們是在企圖保衛只為自己活的部分人生。當然，這種情況常常迫使父母加強管控，但結果只會強化孩子撒謊的動機。

行為的循環很有意思，即使是「惡性」循環，只要我們能識別出其中的組成元素，我們就會有足夠的資訊去改變循環。要改變父母控制—小孩說謊的循環，可以從跟孩子建立連結開始（不意外吧！）。在雙方都冷靜的時候找孩子談話，你可以這麼說：「嘿，我想給你多一點獨立自主的機會。我知道，一個小孩能做主的事情那麼少，感覺很討厭。我們可以從哪一部分開始呢？你在哪一方面想要有更多作主的空間？」聽聽孩子怎麼說，然後從那裡開始。

由於父母很容易會想要「矯正」說謊行為，或「揭發」某些謊言，在我們進入實際的策略之前，我想再強調一次，我的方法是設計來讓常說謊的孩子**未來**多說實話，而不是為了讓他們現在就「自白認錯」。用了這套方法後，孩子不會立刻告訴你：「對！我撒謊了！」這不是我們的目標。我們想要做的是，改變家庭環境，讓孩子覺得你是可靠的成人，可以允許他們有更多樣的體驗。這麼做的時候，我們會需要深呼吸，在謊言當前放下我們的自尊，先不要求孩子認錯，而是專注於影響更大的長期目標。我向你保證，一切都會值得。

教養策略

將謊言重整為願望

將謊言視為願望時，我們就能繼續把孩子當成好孩子，這正是回應謊言的關鍵。把孩子說的假話轉化成許願的言語，會改變對話的方向，這樣可以討論的話題就不再限於「說實話」或「撒謊」。這中間有個模糊地帶，如果你能發現並說出來，就可以消解親子之間的緊張氣氛，建立一個跟孩子連結的途徑。當孩子說：「我也去過佛羅里達州！」你可以回答：「嗯……我猜你希望我們可以去佛羅里達州度假。那裡陽光普照，氣候溫暖，如果我們去了可以做些什麼？」如果孩子說：「我沒有推倒妹妹的積木塔，是它自己垮下來的！」你可以回答：「你希望積木塔沒有垮下來……」或「有時候我會做一些事，然後又後悔……這種時候真的很討厭。」將謊言視為願望可以讓我們繼續跟孩子站在同一邊，而不是把他們當敵人。這種觀點轉換有助於促成改變，以後孩子會比較願意說實話。

等待，「之後」再重啟對話

我的孩子有時當然也會撒謊，我在當下的作法通常是先暫停，也就是什麼都不做，只是等著。以下是我五歲兒子的案例：

兒子：媽媽，我沒有把拼圖弄亂、藏到沙發底下。我沒有，不是我！

我：嗯……（慢慢點頭，沒有說任何話。）

兒子：不是我弄的！

為什麼我什麼都沒說？因為我兒子顯然對這件事有些自我防衛和罪惡感，或多或少還有些羞恥，他不會在這時卸下心防。我知道這時跟他爭論沒有用，也不想陷入拉鋸戰，而且我記得要先減少羞恥，之後才有機會改變。幾個小時後，我為兒子的「壞」行為提出最寬容解釋，而這可能給他一個坦誠的機會：「我在想，我跟哥哥在拼的拼圖……你進去遊戲室看到時會有什麼反應……嗯……我明白……你可能會想要靠近拼圖……」說實在的，這時我兒子可能還是會說：「不是我弄的。我沒弄，我沒有！」而我也必須先放下，但同時我會回顧整個事件，問自己：這個謊言跟什麼有關？兒子是不是想透過這個謊「告訴」我，他想要更獨立自主？還是他對我跟哥哥單獨相處的時間感到嫉妒？還是他在強迫自己當完美的好孩子，感覺很不自在？思考過一個行為的意義之後（這是什麼意思？孩子遇到了什麼困難或有什麼需求？），我們便可以知道之後能採取哪些干預措施。

「如果……真的發生過的話」

孩子不肯說實話的時候，我發現，跟孩子一起思考，如果他說出真相我**會有**什麼反應，會很有幫助。假設女兒的老師打電話來通知，她沒交上週應該完成的寫作作業，你回家問女兒，她卻一再回答：「我有寫！真的！我現在不想討論這件事！」你可以先暫停一下，等你覺得時機到了，可以說：「喔……好吧。我們來假設一下，如果我們家有孩子連續幾天沒交作業，我會很樂意去了解發生了什麼事。因為無論是家裡的哪個孩子，沒寫作業一定是有原因的。我記得我七歲時也曾連續幾天沒寫作業。因為我不知道要怎麼寫，感覺太難了。所以如果這種事發生在你身上，我會陪著你，跟你聊一聊，不會處罰你。」然後要很淡定，不要盯著孩子說：「所以你真的沒寫作業對不對？」請放下這件事，相信孩子有聽進去。當然你之後也可以再找機會對孩子說：「嘿，親愛的，寫作文很難。至少我是這麼覺得啦。我在這裡。就算沒寫作業，你還是好孩子，我一直都知道。我愛你。」如果我覺得時機對了，我可能還會聊：「我在想，如果你覺得一件事很難，不知道要從何開始，你可以怎麼做？」

問孩子要怎樣才會誠實

如果撒謊在你家是個大問題，在孩子**沒說謊問題的時候**，與他建立連結，認真討論他要怎樣才會說實話。對於年紀比較大、比較能表達想法的孩子，這種方法特別有效。你可以這樣開始：「嘿，我想跟你聊一下。你沒有惹什麼麻煩？我只是在想，為什麼你有時候無法跟我說實話？我不是在怪你，因為我發現**你**可能需要**我**做些什麼，才會願意告訴我真相。我一定做了什麼讓你覺得說實話會很恐怖，或是會受到懲罰。總之，我想知道你是否需要我做什麼，或改變作法。我希望我們家是一個讓你願意跟我說實話的地方，就算實話不是好消息也一樣。」

後續發展：這套方法怎麼幫助孩子？

戴拉注意到傑克強調自己沒說謊，暫停了下來，她說：「好吧，我知道了。我們晚點再談。」

「你相信我嗎？」傑克問：「相信我真的沒做？」

戴拉回答：「我不確定現在應該相信什麼。我只確定我愛你，你就算遇到了困難，也還是個好孩子。我相信不管是小孩還是大人，有時都會做一些不值得驕傲的事，我的職責是幫你了解這些時刻發生了什麼事，而不是罰你或訓你。我的意思是說，如果我的孩子**真的**推了別人，我會猜在那之前可能發生了讓他很難受的事。我會跟孩子說，發生那件難受的事不代表推人是對的，不過我們應該去思考為什麼那件事會令人難受，從根本去看問題。好了，我想先深呼吸一下，然後開始煮晚餐……如果你需要我，我都會在。我愛你，有事我們一起面對。」

這些話似乎讓傑克沉思了一下，然後他走開了。後來，戴拉去了他房間，對他說：「我知道被隨意評斷或是被懷疑做壞事的感覺，很討厭，我知道。」後來傑克告訴她，歐文嘲笑他又廢柴又愛哭，他一氣之下就推了歐文。戴拉這下明白之後應該要幫傑克調控怒氣，但她現在只是先默默記下這件事，專注於跟傑克建立連結：「我好高興我們能談這件事，這很重要。」

第19章 陪孩子跳進恐懼和焦慮的地洞

五歲的布蕾克怕火。參加生日派對時，她一看到蠟燭點燃，就會瞬間嚇哭。跟朋友去露營時，她和爸爸李奧在營地看到別人家點燃巨大的篝火。李奧一直告訴布蕾克她很安全，篝火不會蔓延出來，還指著火堆說火焰很有趣，一點都不可怕，布蕾克卻還是抱著爸爸嚎啕大哭。李奧覺得很沮喪，不知道接下來該怎麼辦。

身體認知到威脅存在，恐懼就會出現。想一想最近一次讓你極度害怕的經驗，你可能想到心臟的跳動聲，或是胃部在翻騰的感覺。所有人都一樣，遇到害怕的事，身體通常會產生心跳加速、胸口發緊，或是胃不舒服之類的連鎖反應。這些生理反應都在告訴你：「我現在遇到危險了。」並且與恐懼的情緒結合。無論是在小孩子或大人身上，恐懼引起的生理反應都沒什麼兩樣。我們必須理解：孩子不會誇大他們的恐懼，也不會為了引起注意而假裝害怕，當身體經歷驚恐的感受，他們需要大人的協助才能再度安心。父母的職責是辨認孩子何時會害怕，然後幫他們從「現在很危險」的狀態轉換到「現在很安全」。

雖然大部分的父母都了解這個終極目標，有時他們看到孩子的反應，還是會傾向解釋那些事為什麼不恐怖，希望藉此**消除**孩子的恐懼。這種作法就像是對正在叫嚷著「好可怕！」的孩子說：「不對，不是這樣的，你的感覺完全錯了！」

在孩子陷入驚慌時，要他們理性看待恐懼的事物，或是說服他們不應該害怕，往往是沒用的。孩子感到害怕時，身體正經歷壓力反應，認為「現在很危險」的大腦會先關閉負責邏輯思考的區塊，以便投注所有能量應付生存危機。這表示，跟害怕的孩子講道理不會讓他們感到安全；真正能讓孩子安心下來的，是你的陪伴，因為最可怕的事是**獨自面對恐懼**。換句話說，孩子需要不是理性邏輯，而是多一點感性連結。

此外，當我們試著說服孩子不要害怕時，將會錯過其他有用的資訊。「知道這個之後就沒什麼好怕了」的方法，主要是提供孩子新的、不同的體驗；「跟我說說為什麼會這麼怕」的方法，則是讓你更了解孩子的體驗。舉例來說，你問孩子為什麼會怕狗，他們可能會跟你說最近讀了一本主角被狗咬的書；問孩子為什麼怕獨處，他們可能會說出某個下午你在上班時發生的事；問孩子為什麼不喜歡搭校車，他們可能會告訴你看到兩個同學打架的事。任何有關恐懼的細節，都是幫助孩子的資訊。

最後，我們不去說服孩子不要害怕，因為我們希望他們可以信任自己的危機感和不安。

如果有一天孩子遇到危險狀況，我們會希望他們相信自己的感覺，這樣的話，當他們的腦海浮現：「咦……這裡好像怪怪的，我的身體感應到不對勁，我應該離開。」就會懂得隨機應變。

當我們談到孩子的一般**煩惱**，處理恐懼的原則也同樣適用。當孩子感到焦慮（我不確定想不想去上游泳課！或是我覺得數學會考很爛），我們常常會急著告訴他們沒問題（你那麼喜歡游泳，去上課很好啊！或是親愛的，正向思考好嗎！）。可是，就如同我們在前面提到的，說服孩子不要焦慮，只會讓他們更煩惱。為什麼呢？因為孩子看到我們比較樂於**宣示和面對**的事物，反而會記住我們想要透過這些宣示避免的事。我們以為要孩子用「更正面的」方式思考或感受，是在幫孩子，其實孩子從這些鼓勵得到的訊息是：他們不應該有非正面的感受，會緊張、害羞或猶豫都是錯的。這讓孩子為了**有所煩惱**感到焦慮，因為他們相信：「我不應該有這種感受！」

你不能「消除」焦慮。唯一可以有效管理焦慮的方法，是增加我們的耐受度，允許焦慮存在，了解自己為何焦慮。這樣我們也比較能感受到其他情緒，從而避免焦慮主宰我們。當我們不再試著打擊內在的感受，而是學著在日常生活中與這些感受共存，內在就有可能更平靜。也就是說，父母的職責不是改變孩子的感受，而是對孩子的煩惱產生好奇，幫他們在焦慮時感到更自在。

教養策略

陪孩子跳進情緒的地洞

想像一下你的孩子正在為某種情況感到煩惱。可能只是一件小事，像是要不要參加某個生日派對，也可能是大事，像是某位長輩去世。想像你的孩子陷入一個代表煩惱的地洞，不安在身邊重重圍繞。我們會希望孩子感受到我們**跳進地洞陪他們**，而不是設法把他們拉出來。當我們跟孩子一起待在地洞裡，兩件重要的事會發生：孩子不再感到孤獨；同時他們也會從我們的陪伴發現，雖然這件事幾乎壓垮他們，但**我們**挺得住。假設孩子晚上擔心早上起來看不到你，儘管你不曾無緣無故離開他，你還是要先把邏輯放一邊，「跳進去」陪他時可以說：「你上床去睡覺時，會很擔心早上起來找不到我，是嗎？嗯，這個想像真可怕……」（把他拉出地洞則是說這類的話：「親愛的，別擔心，我出門一定會告訴你啊！」）

排練

父母常常會避免提到孩子正在煩惱的問題，不去想也不去談，希望孩子會突然忘記他們的恐懼，或以為事情之後會有轉機。但相信我，逃避只會增加焦慮。如果我們不願意指出或討論孩子焦慮的事，孩子會以為我們也在為同樣的事情苦惱，因此變得更焦慮。**排練**讓父母可以藉機教孩子，棘手的問題是有可能解決的，孩子也可以練習，事情如果真的發生了可以怎麼做。排練之後，孩子就會有心理準備去面對分離、看醫生、團隊運動遴選、遊戲聚會、課堂朗讀等情況，事實上，當我越列越多，就越想不出有什麼壓力狀況不能透過排練改善。你可以直接跟孩子排練，或是用玩偶演給孩子看；如果孩子還太小不會玩角色扮演，或是抗拒演練恐怖情況，用玩偶來演示特別有效。

為分離做的演練可以這樣開始：「星期一是你第一天上學。我們來想想要怎麼說再見，練習幾次，到時我們的身體就會有所準備。」想一個道別小儀式，練習時可以演出慢慢走開的樣子，也可以練習深呼吸，與傷心的孩子一起複誦口訣。即使孩子因此情緒惡劣，請記住，這個練習不會讓孩子**更**焦慮，反而可以讓他在艱難時刻更熟練地撫慰自己。

演練醫生看診時，可以像這樣使用動物玩偶：泰迪熊代表你，獨角獸代表女兒，你以泰迪熊發言：「嗨，獨角獸，歡迎來看診，接下來要請你跟媽媽到檢查室。」然後把預約程序都做一遍，甚至也可以演練比較困難的部分（好的，獨角獸，現在請你坐在媽媽大腿上，這樣我才能好好檢查你的耳朵，看看裡面有沒有奇怪的東西！獨角獸，你可以先保持不動嗎？很好，就是這樣！）。

應對特定恐懼事物的排練劇本

避免談論恐懼的事物似乎是個好主意，彷彿只要我們不去提醒孩子，他們就會忘光光。但事實當然並非如此，幫助孩子面對恐懼的最好辦法就是直接討論，這樣孩子才會知道我們大人不像他們那麼怕。以下是幫助親子有效討論恐懼的範例劇本：

第一步：以收集資訊、增進理解的心態跟孩子討論恐懼的事物。你可以這麼說：「告訴我，當你獨自走進黑漆漆的房間時，有什麼感覺？」或是「你好像很怕一個人走到家裡的某些地方。」多問，少說，千萬不要說服他或解釋任何事，只要單純地收集資訊。然後對孩子重述一次你聽到的話，確認你是否「正確理解他的意思」。你可以說：「嗯，你的意思是，當你一個人走到家裡某個暗暗的地方時，會覺得很可怕。你不確定為什麼會這樣，但就是會有這種感覺。是嗎？」

第二步：肯定孩子的恐懼是「有道理的」。幫孩子了解恐懼的根源是幫他勇敢面對恐懼的關鍵。你可以這麼說：「我們在黑暗中感到害怕，是因為我們看不到，不知道周遭會發生什麼事。所以，害怕單獨待在家裡暗暗的地方是很正常的！」

第三步：告訴孩子你很高興可以跟他聊害怕的事。記得用「重要」這個字眼。這表示他們內心的恐懼有討論的價值，鼓勵他們正視自己的感受，他們才不會推開那些感受（這樣只會讓感受更難處理！）。你可以試試：「我好高興我們可以談這個。因為這件事很重要。」

第四步：跟孩子一起思考怎麼解決問題。你可以先丟一些想法來引導，但還是要由孩子想出最後可行的具體方法。如果你想對孩子解釋恐懼，或是想直接替孩子解決問題，千萬要忍住這些衝動。盡量用「我想知道」「我在想」之類的語句來帶領孩子思考怎麼解決問題。你可以說：「嗯……我想知道我們能不能去地下室，下樓梯時一次走一步……如果你開始有害怕的感覺，可以跟我說。」用這個方式關注孩子的恐懼，他會感受到你的陪伴，當他不再覺得自己孤立無援，恐懼感就會和緩下來。接下來，你可能可以說：「我想知道每當你走下一階樓梯，會對自己說什麼……」或是提出解決方案給他參考：「我在想我們能不能先練習走下一階樓梯看看，等過幾天再多走下一階，然後隔天再多走一點……」

第五步：創造一個口訣。正在煩惱的孩子可能會覺得口訣很有幫助。不論是大聲說出來，或是在心裡默唸，口訣可以幫他們把注意力集中在舒緩情緒的文字，讓他們不再那麼介意痛苦來源。以下是口訣的範例：「會緊張沒關係。我可以應付。」「我可以同時又害怕又勇敢。」「我很安全，爸爸媽媽都在旁邊。」跟孩子一起想喜歡的口訣，鼓勵他們在害怕時複誦。

第六步：分享一個「慢慢克服恐懼」的故事。你的故事可能像這樣：「這讓我想到，我在你這年紀時很怕狗，我還記得那時看到狗就會渾身不舒服。」但不要太快給出結論：「可是我後來發現我很安全，一點事也沒有。」慢慢克服恐懼的故事應該會像這樣：「我跟爸爸說這件事，然後就發現有害怕的感覺也沒關係。我記得我和爸爸讀了很多有關狗的書，我們還會一起慢慢靠近一些狗。有一天，爸爸還帶我去摸狗，漸漸的，我就越來越不怕狗了。害怕的時候要勇敢真的好難。」

後續發展：這套方法怎麼幫助孩子？

李奧提醒自己：「我知道我一點都不怕篝火，可是**布蕾克很怕**。我的目標是讓布蕾克理解，她不是一個人面對這個問題，我不必讓她覺得火不可怕。」他把布蕾克拉到一旁說：「你覺得這個火很可怕，是嗎？我相信你。我就在這裡陪你。」他立刻發覺她的身體放鬆了，這麼簡單的一句話居然可以改變她的反應，他很驚訝，接著又說：「我在你這個年紀也會怕一些東西。我現在還是有怕的東西，有時候我會告訴自己：『緊張是很正常的，沒關係。』我現在要一邊深呼吸，一邊講這句話。」李奧和布蕾克一起調節情緒。布蕾克看起來冷靜多了，李奧告訴她：「如果你想坐在我腿上可以上來。我們可以坐在這裡，離火遠一點。等你想靠近火，或是想去烤棉花糖的時候，再跟我說。你覺得可以的時候，自己會知道，如果你一直沒辦法靠近，也沒關係。」

第20章 當孩子猶豫不決和害羞，陪他做好準備

六歲的小傑不喜歡團體活動。在一場體操主題的生日派對上，其他孩子分散開來玩器材時，他卻躲在媽媽娜拉身後。娜拉溫柔地小聲跟他說：「小傑，你已經六歲了，這裡的小朋友你也都認識，你這樣很誇張耶！」小傑開始哭，娜拉越來越沮喪，又說：「你這樣讓我很丟臉耶！」但話才說完娜拉就後悔了，不知道接下來該怎麼辦。

容易猶豫和害羞不是什麼應該矯正的問題。事實上，我常想，猶豫不決和害羞讓父母比孩子更焦慮，因此我們干預其實是想緩解自己內心的不安，而不是注意到孩子發生了什麼事，想滿足他們的需求。如果你深有同感，不代表你是壞父母——其實，願意反省孩子的行為怎麼影響**你**，正好證明你是好父母。

參加生日派對時扭扭捏捏、不想去打籃球、不喜歡在家族聚會時搭理大人……家裡有個老是害羞的孩子，親子關係很容易產生情緒波折，欣賞獨立和外向特質的父母尤其感到困擾。看到孩子害羞，父母會有情緒反應是出於擔心「他可能永遠都這樣」或「他以後沒辦法跟人打成一片」。可是我們得避免落入自證預言的循環，否則父母越焦慮，孩子就會更焦慮，更容易猶豫不決。如此一來，孩子就會內化父母對他們的評斷，深陷不被理解的孤獨感，讓父母更挫敗。一旦形成惡性循環，孩子的猶豫不決和焦慮就會持續強化。要怎麼打破這個循環呢？應該改變的不是孩子；我們要反省自己，從改變自己的內在做起。

從成人的社會脈絡來看羞怯：你跟另一半去參加酒會，覺得緊張，於是你對另一半說：「我想待在離你近一點的地方好嗎？」我猜你可能會得到兩種回應。第一種，你的另一半會看著你說：「有必要這樣嗎？你又不是沒有認識的人。」看到你還在躊躇不前，另一半不悅地小聲說：「夠囉，你知道你這樣讓我很丟臉嗎？」第二種，你的另一半看著你說：「看得出來，你好像覺得不太舒服。沒關係，你就待在我旁邊，等到想跟人聊天了再去聊就好，不必勉強自己。」

這兩種截然不同的反應讓你有什麼感覺？你的焦慮有緩解嗎？你是否突然覺得自己可以應付眼前的情況？

我們來回顧第一種回應。如果在那之後，你的另一半說：「聽好了，我剛剛那樣回你，是因為我不可能一直待在你身邊讓你靠。你要學會靠自己啊！」你覺得這樣合理嗎？還是你希望另一半可以相信你，先滿足你**今天**的需求，先聊聊你在這種緊張時刻的感受，等時機到了，你就會以合適的方式發揮能力？到那時，你會依自己的步調成長，還是依另一半的步調？再想想我們的孩子——他們是依**我們的**步調成長，還是自己的步調呢？我們都很清楚答案。在分離或參加團體活動時老是要安撫羞怯的孩子，當然很累人，這種疲憊甚至有可能影響我們，讓我們對這類行為做出不經大腦或很負面的回應，然而教養本來就是耐心大考驗，重點在於，**孩子的**特質和需求不等同於我們的特質和需求。

我們大多數人成長到某個階段總會學到，主動參與比被動等待更能展現自信，有所行動比停下評估看起來更有把握。我不確定為什麼會這樣，這讓我感到諷刺，因為常有青少年的父母告訴我，他們的孩子好像不太有自己的想法，也很不喜歡與眾不同。我永遠不會忘記某天，我的諮商室先是來了一對六歲孩子的父母，來諮商孩子太害羞的問題，之後又來了一對十六歲孩子的父母，他們覺得孩子太沒主見。第一對父母跟我說：「所有小朋友去玩的時候，查斯常常自己一個人猶豫不前，就算有朋友找他一起玩，他有時還是會拒絕。他真的是太害羞了，我希望他能有多一點自信。」然後在下一個時段，青少年的父母說：「艾力克斯看起來會做任何他朋友正在做的事。好像沒有自己的想法，很容易受人影響。我希望他能再有自信一點。」

所以，自信到底是什麼呢？跟羞怯或猶豫又有什麼關係？我認為，信心來自於在某種體驗中知道自己有什麼感覺，相信在那個當下你可以做自己。孩子不確定想不想加入，先在旁邊觀察一下——這也是一種自信的表現。要讓容易猶豫的孩子建立信心，照顧者要能對他們說：「我在這裡，你慢慢來。」這類的訊息會告訴孩子，他們比我們更了解自己的感覺，也讓他們知道：「你現在可以做自己。」信心不代表馬上加入一個團體，或參與一個活動。如果孩子心裡準備好了，這麼做當然是有自信的表現，但如果孩子是因為受到逼迫才這麼做，那就不是有自信了。信心跟**有沒有**心理準備無關，你得先**確知**自己準備好了，才會有信心。

教養策略

自我檢視

許多父母看到孩子羞怯很容易感到氣惱，如果你特別外向，或是成長的家庭特別看重主動參與、積極介入與行動，將停頓當成無所作為，那你可能特別看不順眼孩子有這種表現。現在，想像一下在一個團體聚會中，所有孩子都很開心地離開父母身邊玩耍，你的孩子是唯一留在大人懷裡的小朋友。留意一下你的感覺。你是否有想推開孩子的衝動？任何感覺或衝動都沒有錯，都是值得重視的資訊，你可以提醒自己：「發現我有什麼感覺不代表我是壞父母，就如同我跟孩子說過的，所有感覺都可以存在。知道什麼會觸發我的反應，有助於區分我自己和孩子的經驗。」如果孩子的羞怯或猶豫或依賴讓你困擾，請提醒自己，孩子選擇**不**加入群體的意願，之後也有可能會變成你欣賞的特質。你可以試著從完全相反的角度詮釋害羞，告訴自己：「孩子知道自己是什麼樣的人，知道什麼讓他心裡舒服，什麼讓他不舒服，就算表現得跟別人不一樣也不受影響。他是很大膽、很了不起、很有自信的孩子！」

肯定＋「準備好時，你會知道」

孩子猶豫或羞怯時，先肯定他的感覺，不要說服他有所行動。假設孩子對一個地方感到遲疑，即使你無法理解，還是可以先肯定孩子無法表達的感覺，這樣能幫他感到更自在。一旦他放鬆了，就會更願意用不同方式回應眼前的情況（大人也是如此）。

這句話對孩子會很有用：「當你準備好______時，你會知道。」這表示你相信孩子，他們會因此學會相信自己，而這正是自信的來源。孩子也會從這句話得到暗示，知道自己終究會覺得比較舒坦，然後有所行動。我們希望孩子相信自己比任何人更了解自身內在的感受，這樣他們才能做出明智的決定。如果孩子在社區聚會中不願意跟鄰居交流，可以這樣對他說：「看來你需要一些時間。慢慢來，當你準備好跟人聊天時，你會知道。」或是孩子對於參加生日舞會感到緊張，你可以對他說：「你之前沒參加過，先到處看看沒關係。你可以待在我身邊，等你準備好加入他們時，你會知道。」

如果孩子一直都不覺得自己準備好呢？你可能會想：「我已經照書上說的做了，可是每次去社交場合，孩子還是躲在我身後，不肯跟人交流。」這不代表你「沒用對」這個策略。你可以給孩子一個最寬容解釋：孩子總是待在社交場合邊緣、不肯跟父母分開，在這裡應該會覺得不知所措、焦躁不安、格格不入，可能先不要參加大型團體活動比較好。這麼做不是在逃避問題，也不是在「助長」他的羞怯，只是在順應孩子的本性。有些策略在這種情況可能也有幫助，像是跟孩子分享自己小時候害怕與父母分離的故事，降低孩子的羞恥感；事先跟孩子預習在這些場合可能會有什麼感受，幫孩子打情緒預防針；還有準備——這是我接下來要說明的。

準備

如果對接下來會發生的行動和情緒有所準備，容易猶豫的孩子就會表現得比較好。例如，在你們參加家族聚會前，先跟孩子分享一些細節：「等一下我們會看到很多家人。我們會在瑪莎阿姨家吃午餐，你會看到瑪莎阿姨和雷克斯叔叔，還有他們的孩子。然後你會看到菲歐娜阿姨和羅倫阿姨，還有她們剛出生的小寶寶，奶奶和爺爺也會過去。嗯……一下子在別人家裡跟這麼多人一起，你覺得怎麼樣？看到好久不見的表兄弟姊妹，你有什麼感覺？我在想，你會不會覺得有點煩，尤其大人一看到你就會問一堆問題……」然後等孩子消化這些資訊。預測會產生什麼情緒是很有用的：當你先指認出這些感覺，孩子就會明白他可以有這些感受，等同幫他完成調節情緒過程中最難的部分。你可以試著讓孩子體驗一種感受，但不提供解決辦法或調適策略，而是停下來，接受他的反應，然後看看他接下來怎麼做。

避免貼標籤

我們眼中的孩子是什麼樣子，他們就會接受那個版本的自己。如果我們在孩子身上貼標籤，說著類似這樣的話：「喔，她很害羞。」或「他不喜歡跟大人說話，一直都很拘謹。」他們就會被鑄造成只有特定表現的角色，很難有所成長。你應該避免對孩子貼標籤，其他人這麼做時，你更應該為孩子的行為提供最寬容的解釋。例如，有家族成員說：「艾莎，為什麼你這麼害羞？」你可以深呼吸、介入，並分享自己的觀察：「艾莎不是害羞，她是在探索自己的舒適圈，這是好事。等她準備好的時候，她就會跟你聊學校發生什麼事。」也許你這時可以揉揉她的背，讓她感受到你的支持。

後續發展：這套方法怎麼幫助孩子？

派對後，娜拉很後悔對小傑說那些話。她想起一切都不會太遲，於是在深呼吸後提醒自己：「我是好媽媽，只是那時遇到困難了。」然後找小傑談他的緊張不安。她向小傑道歉，說自己不應該強迫他去加入其他人，還罵他太誇張、很丟臉。她告訴小傑，以後參加團體活動前，他們會先聊聊活動內容，她會讓小傑慢慢準備適應。在隔週末的團體遊戲聚會前，娜拉告訴小傑他們會去哪一個遊樂場，會有多少小朋友一起參加，也跟他聊在團體活動中會有什麼感覺。她跟小傑說會有那些感受很正常，同時發現事先這麼做讓她覺得很有效率且充滿希望。娜拉對小傑說：「有的小朋友會馬上去玩，有的喜歡先觀察，這兩種行為都很正常。只有你了解你的身體，也只有你知道自己該怎麼做感覺會比較好。」當然，小傑還是想跟媽媽在長椅上坐一下，他是唯一這麼做的小朋友。娜拉從這個行為發現了小傑其實很勇敢、很大膽，她在小傑耳邊小聲說：「我覺得你有點酷，因為你知道自己是誰，了解自己什麼時候會準備好。你慢慢來，做你想做的事。我在這裡。」娜拉感受到小傑的身體開始有比較多動作，並注意到他對周遭環境產生好奇心。當小傑的朋友拉雅來找他，他就一起去玩了。

第21章 重視過程而不是成果，培養孩子的恆毅力

四歲的布瑞登正在拼十二片的拼圖。他的爸爸伊森在旁邊。布瑞登找到相鄰的三塊拼圖，急著找第四塊，可是一直沒找到對的。伊森看不下去，忍不住開口：「布瑞登，那塊不行啦，你沒看到拼不起來嗎？連顏色都不對啊！」布瑞登看了看爸爸，把拼圖丟到一邊說：「我就是不會拼啦！我討厭拼圖！」在這次事件後不久，伊森在諮商時告訴我，布瑞登常常在事情變難時放棄，或是要求父母幫他完成艱難的部分，這次拼拼圖只是其中一例。

學習有個弔詭的地方：當我們越能接受未知，越能忍受錯誤和掙扎，就會越有機會成長、成功、得到成就。這個道理無論大人小孩都適用，因此在學習過程中，我們應重視：以平常心看待困難、將錯誤當成學習機會、培養恆毅力等心法。當孩子越能忍受挫折，就越能

持續完成費解的拼圖、解決棘手的數學題，或是在寫作文時保持專注。當然，這些技能也能用在課業以外的領域，因為無論是面對沮喪時刻、與意見不合的人溝通，或是完成個人目標，容忍挫折的能力都至關重要。

如果我們希望孩子能發展恆毅力，就必須學會容忍他們的困窘——我想這是我們都不願面對的真相。有時，當我女兒遇到困難，我會提醒自己，她正在看我怎麼面對她的挫敗，而這也會影響她怎麼看自己的挫敗。換句話說，如果我可以接受她在困頓中掙扎，讓她自己想出解決辦法，而不是直接幫她解決，她就越能接受挑戰。如果看到她為了解數學題煩惱，我覺得沒關係，她也會接受為數學題煩惱的自己。如果我在她學綁鞋帶時表現出有耐心的樣子，她也會有耐心地學習綁鞋帶。我希望父母知道，在孩子進行困難任務時，或是我們在他們面前進行困難任務時，我們的表現——冷靜、自制、從容不迫、無怨無悔，且竭盡所能面對過程中的一切——會比這章提出的任何方法或劇本影響更深遠。

挫折總是很難處理，常常讓小孩和大人都很崩潰，投降喊出：「我做不到！」「我不想再試了！」「你幫我做！」培養恆毅力的困難點在於，我們必須不執著於「完成」「快速」「正確」「做好事情」，而是先面對當下發生的事，先接受我們不知道要怎麼完成它，先專注於我們的努力過程而非結果。當我們懂得用「成長型思維」待人處世，事情會變得簡單許多，我們可以從中學到用勤奮、持之以恆的研究來培養能力；失敗和掙扎不是學習的敵人，而是學習過程中的關鍵元素。成長型思維模式最早由心理學家卡蘿．杜維克（Carol S.

Dweck）提出，我們可以藉此思維來幫孩子學習接受挑戰、忍受挫折。這個理論說明，任何人只要持續精進學習的事物，就會有進步，面對阻礙時更應該如此。相反的，具有「固定型思維」的人相信，天分是與生俱來的，會就是會，不會就是不會，如果你做某件事失敗，那表示你永遠都學不會這件事。果不其然，有成長型思維的孩子（和大人！）樂於接受挑戰，從錯誤中學習，遇到困難的事比較能堅持下去，因為他們相信努力就能進步。成長型思維教我們，即使結果不如預期，要怎麼努力改進依然操之在我。基本上，越不執迷成功，就越能樂意嘗試新事物，然後發展、成長，而這正是通往各種成功的關鍵。

成長型思維的好處之一是有助於培養「學習耐受力」——這個詞聽起來好像有點怪——學習既然是好事，為什麼會難以忍受？請記住，孩子每天都在學習，而學習並不容易。你可以想像一個時間軸，起點是「不知道」，終點是「知道」，兩點之間都是「學習」。處於「學習」這個區間並不舒適，在我們年幼時尤其如此。希望自己一下就學會是很正常的，很多人常常覺得自己在這個區間待得比預期還久；衝動之下想回到「不知道」的原點也很正常，因為這樣我們就不必花費力氣或經歷失敗、尷尬的風險。學習暴露我們的弱點，讓我們覺得自己不堪一擊，因此我們必須勇敢。

為了幫孩子成為更好的學習者（我認為比「聰明」或「正確無誤」更重要），我們必須幫他們好好待在「不知道但還在努力學習」的區間，而這取決於我們怎麼回應孩子的挫敗。我經常提醒自己，父母的職責不是讓孩子**離開**「學習」區間，直接**抵達**「知道」終點……而是幫孩子學會**待在**「學習」區間，忍受「還不知道」這件事。即便從成人的角度看起來很簡單，我們也不能幫孩子解決問題，輕蔑他們的掙扎，或是對他們的奮鬥失去耐心，我們得讓孩子自己來。當他們能在學習區間待越久，他們就會越有好奇心和創造力，既能懂得努力，也懂得實行各式各樣的想法。

教養策略

深呼吸

感到灰心時，深呼吸對我們最有幫助。這麼做可以舒緩神經系統，讓我們的適應機制發揮作用。看到孩子氣餒時，不必跟他說深呼吸，先示範給他看就好。三歲的孩子因為沒辦法用叉子叉起食物而生氣時，可以先把視線移開，大聲地吸氣吐氣。六歲的孩子學不好字母發音時，也可以先在他們面前做幾次深呼吸。記住，我們調節情緒的方式是孩子自我調節的範本，我們的深呼吸正好讓孩子知道，他可以安全、冷靜地與挫敗共處。另一方面，深呼吸也可以讓**我們**自己安定下來，這樣比較不會對孩子不耐煩或發脾氣。

複誦口訣

我喜歡口訣。複誦口訣可以消解令人難受的時刻和情緒（例如遇到挫折的時候），讓我們先專注於小而可控的事物。因此，口訣也能幫孩子安定身心。但與其直接強迫孩子唸口訣，我們不妨用經驗傳承的方式教他唸，像這樣：「你知道嗎？我六歲時，也曾因為學不會一件事覺得超級難過！現在想想還是感覺很糟。不過我記得我爸，也就是你阿公教過我，當**他**覺得灰心喪志的時候，他會把手放在胸口，深呼吸，告訴自己：『這個本來就很難，不是我的錯。』然後我也開始這樣對自己說。如果你也想試試，那會滿酷的！……聽起來像是廢話，可是很有用。你看，像這樣……」如果孩子年紀比較小，可以用以下口訣：「我做得到」「我喜歡挑戰」「我可以做困難的事」「我不怕麻煩」。

挫折不是失敗徵兆，而是學習機會

從很早以前，我就開始跟孩子說：「你知道學習是很難的事情嗎？我是說真的！你、我或是任何人想學任何一樣新東西，都難免會感到沮喪。」如果孩子看起來有聽進我說的話，我還會說：「很奇怪喔，如果你覺得很灰心，想著『呃啊我做不到』『呃啊我想要早點結束』，這些感覺就會騙大腦，讓我們以為自己做錯了什麼，可是啊，會有這種感覺其實表示我們學對了、做對了！這種情況跟我們一般想的不同，所以我們要時時注意，提醒自己，學東西很痛苦是很正常的。」那麼要怎麼運用這個概念呢？例如，孩子穿衣服時，我知道他們在這過程中可能遇到不順，在他們開始**之前**，我會說：「喔，你等一下要穿衣服是嗎？我們先來為不順的感覺做準備……」然後我會用孩子在一旁剛好可以聽清楚的音量，小聲對自己說：「貝琪，學新東西很難……新的事物本來就不容易……沒關係，我可以做困難的事……」

讓成長型思維模式融入家庭價值觀

如果一個家庭可以**用成長型思維模式建立一套家庭價值觀**，無論是在孩子或你自己覺得艱難時或遇到挑戰時，都會很有幫助。以下是四個我喜歡的價值觀，我常常寫下來放在工作區或廚房，讓全家人都可以看到：

一、我們家喜歡挑戰。
二、在我們家，付出努力比想出正確答案更重要。
三、在我們家，有不知道的事代表要學習新事物。我們熱愛學習新事物，所以會樂意接受任何「我不知道」的時刻。
四、在這個家，我們會提醒自己，與困難的事物共處可以幫大腦成長。我們喜歡讓大腦成長。

一旦你建立了屬於自己的價值觀，記得要常常提到這些觀念，尤其在「犯錯」或有所不知的時候。像我自己就常常在做飯時談論成長型思維（呃……我想這次應該是搞砸了！這是新食譜，對我來說當然是新挑戰，我們是喜歡挑戰的家庭。現在我學會下次可以怎麼做得更好，這樣就很棒了！）。孩子在受挫時可能會感到「孤單」，或是覺得自己「不夠好」，如果可以讓他看到你掙扎的樣子，展現出你的恆毅力，孩子就更有可能會內化你想教的能力。

重視適應過程大於成功結果

恆毅力是待在知道與不知道之間持續學習的能力，也是留在開始與完成之間持續堅持的能力。當我們強調這項能力，我們真正想要孩子學會的，是**適應令人難受的感覺**，而不是要他們學會**追求成功**。這樣的話，孩子在**取得任何成功結果**前的努力過程中，感覺會比較自在。不過這也代表父母要改變心態，告訴自己：「我不必教孩子順利地穿好襯衫……我要教的是穿衣服不順時怎麼安頓自己；我不必教孩子怎麼做好數學題目，我要教的是在解數學難題時怎麼調節身心。」

情緒預防針、排練、「我有跟你說過……的故事嗎？」

培養恆毅力時，情緒預防針是非常關鍵的策略，因為預測沮喪的感覺會從何而來，有助於孩子的身體先做好準備。排練也會很有用，因為可以先練習特定技巧。舉例來說，你預期孩子在做串珠手鍊時會覺得氣餒，可以先假裝你在串珠時遇到困難，暫停下來，練習深呼吸和唸口訣（我可以做困難的事），等不順的情況實際發生時，孩子的神經系統就會有所準備，適應困難的機制也會提前發揮作用。最後，可以跟孩子分享你遇到挫敗的故事，或是演出受挫的樣子，這樣正在掙扎的孩子比較不會覺得孤單。畢竟，如果周遭的人看起來都一切順遂，要培養恆毅力會特別困難。想更了解情緒預防針和「我有跟你說過……的故事嗎？」，第11章有更多相關內容。更多關於排練的內容，請看第19章。

後續發展：這套方法怎麼幫助孩子？

伊森開始讓身體冷靜下來。他把手放在胸口，做了幾次深呼吸，告訴自己他很安全，然後重新面對兒子。首先，為了修復關係，他說：「嘿，我剛剛太激動了，那是我的問題，不是你的錯。我很抱歉那樣對你說話。」幾分鐘後，他感覺時機到了，便與布瑞登分享：「你知道嗎？有件事我不曾跟你說，其實我覺得拼圖很難！設計的人本來就是要把它們設計得很難！我覺得我應該多跟你說這類的事。有時候我們以為事情很難是因為我們做錯了什麼，其實那表示我們做對了！」

「我不管，」布瑞登說：「我不要拼了！」

伊森並未就此放棄，他想起要教孩子重視**過程**，而不是**成功結果**，於是又試了一個新方法：他默默拿起幾塊拼圖，在一旁試著自己拼，同時裝作苦惱的樣子，有時沒拼對，有時嘆氣，有時大聲說：「呃啊，這也太難了！」伊森以為布瑞登會拆穿他說：「爸爸，我知道你在假裝。」可是布瑞登沒那麼說，而是好奇地偷瞄爸爸。伊森知道不能直接跟兒子說教，所以他繼續假裝，小聲唱起自編的口訣：「合不起來，放一邊，換一片……」同時把一塊拼圖放下，換試另一塊，快完成時，布瑞登靠近伊森，提出想放下最後一片拼圖的要求。伊森認為這是一次重大勝利。

第22章 吃飯時間和飲食習慣

五歲的吉雅喜歡吃零食，父母總要想方設法讓她吃正餐。下午四點時，吉雅告訴媽媽伊娃：「我好餓，我要吃金魚餅乾！給我金魚餅乾！」

「等晚餐時間再吃東西。」媽媽回答。但吉雅聽了卻衝到零食櫃旁邊。媽媽不想讓吉雅挨餓，只好說：「好啦，可是你要答應我，等一下會好好吃晚餐。」吉雅說好，冷靜下來吃零食，等到晚餐時又拒絕吃東西。媽媽覺得又無奈又生氣。

孩子的飲食習慣是父母的一大煩惱來源，我們可能會因此對自己的教養方式感到不安，也可能因此跟孩子發生拉鋸戰。怎麼餵養孩子，關乎我們是否能讓孩子存續生命並活得健康，而這正是飲食問題容易觸發父母情緒反應的原因。父母最主要的職責畢竟是維繫孩子的生命，因此孩子與食物的關係對我們而言很重要，也就是說，孩子吃什麼、吃多少，反映了我們是否有盡好父母的職責。看到孩子拒絕吃我們做的晚餐，我們彷彿也聽到：「我不吃你給的東西——我拒絕這個食物，也拒絕承認你，因為你是壞父母！」另一方面，看到孩子在吃花椰菜，父母也會覺得他彷彿在說：「我在吸收你養育我的心血——我接受這個食物，也接受你，因為你是超棒的父母！」

當我們在餐桌旁討論孩子會吃什麼或不吃什麼，真正在評估的是自己是否盡責，是否做得足夠，孩子是否願意「接受」我們想提供的。事實上，理解教養與餵養之間的深層關聯，正是減少用餐時間衝突的第一步。我們的理解有助於釐清什麼是實際發生的事，什麼是相關問題引起的情緒反應，如此我們處理問題比較能就事論事，而不是為了安撫自己的恐懼和不安。

孩子與食物的關係其實也跟其他問題有關：身體主導權是誰在掌控？當父母和孩子為了飲食問題起衝突時，孩子能否完全照自己的意思做決定？當孩子在吃飯時說：「我不餓」或「我不想吃那個」或「你做義大利麵我才要吃」……其實他們是在問：「父母掌控了什麼？我又掌控了什麼？」「我什麼時候可以自己做主？」「你相信我嗎？」為了探索獨立自主的程度，孩子會破壞界限、抗議父母的選擇、要求不可行的選項……當然，他們不只在吃飯時間會這麼做。

這兩種衝突——父母擔心自己沒盡責的內在問題，還有孩子爭取身體主體性的外在問題，終究會碰撞在一起。當孩子挑戰我們為食物設立的界限，或是拒絕吃東西，「我是壞父母」的感覺會讓我們想安撫自己，於是我們會去控制孩子。可是當孩子越覺得自己被控制，就會越常用拒絕或是破壞界限來重申自己是獨立個體，導致父母的反應更激烈，親子之間的權力鬥爭更加惡化，每個人都會因此疲憊不堪。

我們該怎麼解決這類問題呢？要怎麼解開這種惡性循環，建立家庭成員都感覺良好的飲食習慣？我想，我們可從艾倫．沙特（Ellyn Satter）的理論思考解答——她是具有前瞻性的營養學家、心理治療師兼作家，曾針對兒童飲食提出「餐桌責任分工」的概念，以下是簡短的摘要：

- 父母的職責：決定吃什麼、在哪裡吃、什麼時候吃
- 孩子的職責：決定要不要吃、吃多少

在沙特的理論架構下，孩子在發展健康飲食習慣的同時，也能兼顧自我調節、自信心、表達意願等內在需求，這正是這套理論的強大之處。

你可能也發現了，沙特的責任分工很像我在第3章提到的家庭職責。正如同我相信分工明確會讓家庭系統運作得更好，沙特也相信，如果每個家庭成員角色分明且「不踰越界限」，我們就能與食物和身體保持健康關係。父母應該主導關於飲食的界限，也就是用餐的內容、地點和時間。父母必須是這一切的基礎——我們決定什麼是底線，設定選項和限制，

其他才由孩子決定。你可以把父母想像成容器，我們組成外壁，然後在容器裡面，孩子可以自由探索和表達。如同我說過的，孩子在家庭系統裡的職責是探索和表達感受，在沙特的理論架構中，孩子透過食物來探索、表達自我——吃進什麼、是否吞嚥、吃多少、不碰什麼。

我喜歡沙特的分工概念還有另一個原因：無論孩子吃或不吃東西，父母都可以對自己的角色感覺良好。因為父母可以告訴自己：「我的職責是決定用餐內容、時間、地點。我有做好工作嗎？嗯，我煮了雞肉、義大利麵和花椰菜，決定五點半在家裡的餐桌開飯，沒錯，我已經做到了，每件事都做得很好！」當然，父母難免會想到這類問題：「兒子只吃義大利麵……為什麼他不吃蔬菜？我做錯了什麼？」可是這時我們應該要記得提醒自己：「等等，那是孩子的職責！吃不吃由他自己決定。我應該要回到自己的角色，管好自己，繼續做我該做的事，然後相信他也會盡到他的本分……我已經做得很好了。」

關於孩子和食物，我認為最重要的是：減少對食物的**焦慮**，比**吃掉**食物更重要。有例外嗎？有的，如果孩子有特定的健康問題，或醫生有特別指示，我們當然要遵循相關的處理方式，但這些都是特殊情況，而即使在這樣的情況下，注意孩子**進食的感受**還是很重要。餐桌畢竟是我們觀察孩子行為（主要是進食）的場地之一，透過行為的窗口，我們看的還是孩子的內在感受，我們要做的事還是一樣：孩子需要父母設立界限、給予信任、尊重他們的主體性，這樣他們才能探索、嘗試、健康成長。請記住，孩子可以控制的事情很少，他們真正有所掌握的，常常只有吃的東西。因此父母必須費心注意孩子如何透過進食及如廁訓練展現控制的欲望，這樣才能給予他們所需的自由。

教養策略

複誦口訣

我在其他章節說過，複誦口訣可以幫焦慮的孩子安定身心，同理也適用於父母。如果孩子的飲食問題特別讓你苦惱，或是你很難放棄管控孩子的飲食習慣，口訣可以提醒你在這方面的職責和關注焦點應該是什麼，例如：「我的職責是決定用餐內容、時間、地點。我做得到，沒問題。」或是「孩子吃什麼不是最重要的。我已經做得很好，孩子會沒事的。」或者「不能用孩子吃的食物來評斷我的教養方式。」

說明角色責任

我喜歡誠實且直接地跟孩子討論我們在飲食方面的職責。跟孩子分享沙特的「餐桌責任分工」觀念，可以釐清我的責任，也能讓孩子知道他們可以或不能控制的事物。說明方式可以像這樣：「嘿，我今天學到了一個有趣的東西想跟你分享。吃東西時，你跟我都有各自的職責，我們的職責完全不一樣。我負責決定吃什麼、什麼時候吃、在哪裡吃。所以，以後吃飯時間，我會準備至少一樣你喜歡的食物，這樣你吃飯不會覺得太有壓力。你的責任是決定要不要吃我準備的東西，還有吃多少。很有趣對吧？也就是說，你可以選擇要把什麼裝進身體，可是如果我當天沒有選到你想吃的東西，你不能叫我準備其他東西。我會選我們要吃的東西，但我也不能逼你吃更多口，或是叫你把東西吃完。你覺得怎樣？」

甜點的特別對策

處理甜點的相關問題沒有絕對正確的辦法，最重要的原則是，做決定時要記得你的職責。所以，關於甜點，你可以做的決定有：要不要準備，準備什麼，何時準備，其他就是孩子的職責了。不過這也表示父母不能決定孩子要吃多少甜點，因為那是孩子要決定的事。我知道你在想什麼……「可是孩子只想吃甜點，如果我不能限制他吃多少，他就完全不會想吃晚飯！」這時你正好可以想想，餐桌責任分工是否有道理；如果你認同的話，可以這麼做：在晚餐時間提供一小份甜點，如果主食是花椰菜雞肉義大利麵，甜點可以就放旁邊。基於務實考量，我不會讓甜點的分量多到讓孩子一吃就飽，但我也不會為了鼓勵孩子吃完正餐而延後甜點上桌的時間。讓甜點跟正餐同時上桌，甜點就不會受到太多期待，孩子可以因此知道，你相信他對食物的選擇。漸漸的，他就不會只關注甜點。我合作的其他家庭則是會把甜點當成下午時段的點心，這樣就不會影響到晚餐。

零食的特別對策

至於零食……那些我們囤在櫃子裡又香又脆又好吃的餅乾，孩子總是吵著要吃，我們發誓不要再買卻又常常放進購物車的餅乾……其實也沒有絕對正確的處理方式。有的父母完全不買零食，有的讓孩子隨便吃，有的則介於這兩者之間。任何決定都不應該有道德優越感，所以當你心生內疚，可以問自己：「我處理零食的方式適合我們家嗎？」如果你想的是「好像不太好，因為我想讓孩子多吃點正餐」或「不太適合，因為孩子不再吃零食以外的東西」，那麼，這就是你需要的解答。另一方面，如果你不在意孩子吃多少零食，那就表示現行的處理方式適合你。如果你想要有所改變，務必記得自己的職責是「內容、時間、地點」，你不必得到孩子的同意，只要宣布你的決定，並接受他們的情緒反應就行了。以下是一個簡短的範例劇本：「我接下來要改變我們家的零食規則。因為我們零食吃太多，正餐吃太少了，也就是幫你長高長壯的食物沒吃夠。以後你放學回家，我只會讓你吃——**和**——當零食。我知道這是很大的改變，我們都需要一些時間來適應。」

容許反對意見存在

為孩子做飲食相關的決定時，我們必須主張自己的權威，懂得拒絕，容忍他們的抱怨或失望。落實沙特的餐桌責任分工概念無可避免會如此，而這十分重要——既然我們已經清楚自己的職責，就得盡力完成，其中關鍵則在於我們能否妥善處理孩子對我們的不滿。理論聽起來很容易——「好吧，現在孩子對我不高興，很好！」——可是要容忍一個又煩悶又飢餓的孩子在吃飯時間耍脾氣……誰受得了！以下是幾個有助益的範例劇本：

- 盡量注意眼前的事實：「孩子對我準備的其中一樣食物感到安心。那不是他最喜歡的，但至少他還願意吃。我的職責是準備食物，他的職責是決定要不要吃。眼前的情況稱不上美好，可是我們都有盡到各自的責任。」
- 提醒自己不需要得到同意：「我不需要孩子同意我的決定。」
- 容許孩子感到沮喪：「你可以覺得沮喪。」
- 指出孩子的願望：「你希望我們晚餐可以吃＿＿＿。」或「你希望自己可以決定吃什麼。」
- 切割孩子的抗議和你的決定：「孩子抗議或鬧脾氣不代表我做的決定很糟糕，也不代表我是很壞或很殘酷的父母。」
- 讓自己和孩子記得你的職責：「當父母的職責就是幫你做出明智的決定，就算明知道你不喜歡還是要做。」

後續發展：這套方法怎麼幫助孩子？

伊娃意識到，自己一直以來其實都在讓吉雅主導飲食的相關決定，她並沒有展現**身為父母的權威**，所以她重新釐清自己和吉雅的職責。在一個週末早上，當一切都很平靜時，她對吉雅說：「我們要改變吃零食的規則，這樣我們的身體到晚餐時間才會想吃東西。你還是可以吃金魚餅乾——晚餐時間，你的餐盤裡除了晚餐的食物，還會有一些金魚餅乾；下午的點心，我只能讓你吃水果和起司，而且只能在下午三點以前吃。我知道這些改變可能很難接受，不過我們都會習慣。」伊娃覺得有點緊張，但同時對這個改變充滿信心。

到了午後點心時間，吉雅哭鬧著要吃金魚餅乾和椒鹽脆餅，伊娃堅定地對吉雅說：「我知道你現在想吃那些東西。我們現在可以吃幾塊蘋果和起司，如果你不想要的話，那我們就等到晚餐時間再吃東西。你可以覺得不開心。我知道你想要自己決定吃什麼，也明白當小孩真的很不容易。我愛你。我在這裡。」伊娃提醒自己，如果吉雅不想吃點心，那晚餐就早點開飯，免得吉雅餓太久。伊娃淡定地面對眼前的一切，想著：「哇，吉雅為了螢幕時間和新玩具吵鬧時，我也都是這樣處理的，就是堅守界限，讓吉雅去感受自己的情緒。原來飲食問題也可以這麼做。」

第23章 當孩子相信自己的感覺，才能表達意願

四歲的琪琪和七歲的哥哥萊克斯去探望祖父母。他們抵達祖父母家時，爺爺抱了萊克斯，然後轉向琪琪，但琪琪跑掉了，還說：「我不要抱抱！」爺爺走向琪琪說：「我幾個月沒看到你了！給爺爺抱一下嘛！如果你不要，爺爺會很傷心喔。小可愛，你想讓爺爺傷心嗎？」琪琪的媽媽塔莎覺得很氣惱也覺得很內疚，她看得出來爸爸感覺很受傷，也看得出來女兒顯然不想給他抱，但她不知道該怎麼辦。

請跟著我說：「我是身體的唯一主人。我想要什麼？我準備好可以接受什麼？什麼事讓我感覺舒坦？都只有我自己知道。」

我們繼續：「我是身體的主宰；我控制著身體的界限；我決定誰可以碰我，何時可以接

觸，可以接觸多久；我可以今天喜歡一件事，改天又變得討厭；我可以喜歡或討厭跟某些人待在一起……我是唯一可以做這些決定的人。」

還有：「有時候我依自己的感覺來申明立場，可能會讓其他人不高興，他們會反彈，會無視**我認同的想法和感受**，企圖說服**我做他們要求的事**。然而討好別人不是我的職責，他們的痛苦來自他們的身體，不是我造成的，減輕他們的痛苦也不是我的責任。」

好了，可以停下了。觀察看看你的身體對這些聲明有什麼反應。你是否想到什麼？這些聲明跟你從小學到的觀念是否衝突？跟你現在使用身體的原則是否一致？你在不同成長時期的原則有變化嗎？在考慮孩子怎麼看待**身體主體性**之前，我們必須先檢查自己的身體迴路，看看這些議題引起什麼樣的反應。

我們怎麼看待或強調身體主體性——即我們有權掌控自己身體的觀念，難免會影響我們的孩子。決定如何使用身體的權利，不是從學校教室或書本學會的，這種觀念的習得，取決於幼年時是否覺得自己的身體可以自己作主。簡單來說，孩子不是從我們說的話習得這種觀念，而是從我們怎麼處理這類問題：「就算某些人生氣了，我還是可以拒絕他們嗎？」

我個人希望我的孩子會說「不要」「我不喜歡這樣」「別這麼做」之類的話，我也希望他們可以知道，懂得怎麼說這類的話很重要。其中有什麼差別嗎？當然，每個孩子在青少年之前都會知道拒絕相關的詞彙，可是孩子幼年時**與我們相處的經驗**，卻是他們能堅定拒絕他人的信心來源。關鍵是大人能否允許他們注意身體願不願意或舒不舒坦，或者他們被教導為了取悅別人可以先不管自己的感覺。

請注意，我的重點不是允許孩子自行決定要不要抱祖父母。琪琪的例子值得注意，因為她的反應放大了迎合他人和依身體意願行動的衝突。其實在其他時候，我們也都在培養尊重身體意願的迴路，比如孩子猶豫要不要參加生日派對時、為一個無心的玩笑感到沮喪時、晚餐吃了一點點就喊飽時、覺得黑暗的地下室很可怕時……這些都是建立身體迴路的時刻。

孩子常問的問題之一是：「我比任何人清楚我的身體訊號嗎？還是有人會知道我的內在發生什麼事？我能不能正確解讀身體的訊號？還是我得依賴別人才能做到？」現在看看以下的例子，其中分別列了兩種父母的回應，一種可以培養孩子尊重身體意願，另一種則會建立自我懷疑的迴路。

孩子猶豫要不要參加生日派對

- 尊重身體意願的迴路：你現在不確定要不要找其他小朋友玩。沒關係，慢慢來。
- 建立自我懷疑的迴路：你很誇張耶，快去找朋友玩。

孩子因為無心的玩笑感到受傷時

- 尊重身體意願的迴路：我看得出來這句話讓你不高興。我相信你，以後再也不說了。
- 建立自我懷疑的迴路：喔拜託，你怎麼這麼敏感啦，就只是開玩笑啊！

晚餐時孩子很快就說吃飽了

- 尊重身體意願的迴路：你的身體自己最了解，只有你自己知道飽不飽。只是我要提醒，晚餐時間結束之後，我們就不再使用廚房了。你最好再跟自己的身體確認一下，接下來整晚都不吃東西是否也沒問題。
- 建立自我懷疑的迴路：怎麼可能這樣就飽了？你根本沒吃幾口。想離開餐桌可以啊，再吃八口飯就讓你走。

孩子因為地下室很暗不敢下去時

- 尊重身體意願的迴路：暗暗的地下室裡面好像有什麼，你覺得很可怕。我相信你，而且很高興你願意跟我說這件事。
- 建立自我懷疑的迴路：你太大驚小怪了啦！地下室有什麼好怕的。

在每個尊重身體意願的迴路範例中，每個大人都相信孩子的經驗。這並不意味大人允許孩子有特定表現，但他們會將孩子的經驗當成可靠的真相來源。在每個建立自我懷疑的迴路範例中，孩子無論說什麼，大人總表現得像是比本人更了解他應該有什麼反應。如果孩子一直聽到「你不了解自己」之類的話，就會變得容易自我懷疑。這也是為什麼我推薦所有父母在教養時停止使用以下詞彙（如果你想在其他互動中停用也很好！）：愛演、喜歡大驚小怪、太敏感、神經兮兮、不配、誇張——這些操弄情感的話會讓孩子覺得你不相信他們，從而也會讓他們不相信自己。

現在，我們先暫停一下。你是否產生了失職父母的自責，想著：「喔不……我一直以來都做錯了」「我是世界上最糟的父母」。我保證，我不但有過類似的想法，也很了解這些想法有多令人難受。請把手放在胸口，確認雙腳著地，做幾次深呼吸，告訴自己：「對我和孩子來說，現在還不算太晚……我有反應表示我在乎，不代表我很糟。我願意反省，也願意改變，我是打破惡性循環的勇者。」

教養策略

「我相信你。」

能建立相信自我的身體反應迴路，就能懂得尊重身體意願。如果孩子不相信自己和自身的感覺，他們不會相信自己有做決定的能力。如果女兒說覺得冷，但你覺得很舒適，你還是要相信她：「你覺得冷喔？我相信你，我們來看看可以怎麼辦。」當兒子說他不喜歡被呵癢，選擇相信他：「我聽到了。你覺得呵癢讓你不舒服，我相信你，也很高興你願意跟我說，以後不會再對你這麼做了。」當孩子告訴你某一部動畫電影很恐怖，相信他：「你覺得這部電影很恐怖，我相信你。」

「你是不是覺得……怪怪的？」

有時候我們不知道孩子發生了什麼事——我們可能看得出來他們很沮喪，但看不出他們經歷了什麼，不曉得他們為什麼心情不好。有可能你的兒子為了一件紅上衣鬧脾氣，可是他明明一向喜歡紅色；又或者女兒在你要去上班時突然情緒崩潰，可是在她出生後的九年以來，你一直都是每週工作五天。在這種時候，我們很容易否定他們的感覺，或操弄他們的情感，說出那些我先前建議停用的詞彙。在這裡我想建議你使用「你是不是覺得……怪怪的？」這個句型，來表達你相信孩子，並肯定他們的經驗，儘管你不了解實際上發生了什麼事。例如：「你是不是覺得這件紅上衣怪怪的，讓你不舒服……」或是「你是不是覺得今天我跟你說再見時哪裡怪怪的……」我們不了解孩子的體驗，不代表他們的體驗是假的，使用這個句型正好可以幫我們去理解他們。

「你是唯一可以掌控自己身體的人。」

我總是盡可能地常跟孩子說：「你是唯一可以掌控自己身體的人，只有你知道自己喜歡什麼。」表達意願，代表我們相信：只有**我們**知道自己發生了什麼事，只有**我們**知道自己想要什麼，只有**我們**知道什麼樣的情況讓自己感到舒坦。當你的兒子說：「我想要反著穿上衣。」你可以回答：「你是唯一可以掌控自己身體的人，只有你知道自己喜歡什麼。」當你的女兒說：「我討厭粉紅色！我喜歡綠色。」你的回答可以讓她更有信心：「你是唯一可以掌控自己身體的人，只有你知道自己喜歡什麼。」你甚至還可以多說幾句：「你知道自己是誰，也知道什麼讓你覺得開心，真是太酷了！」「你真了解自己，這樣很棒。」

蘇格拉底式提問

每次談到表達意願的話題，我喜歡問問題促進孩子思考。談到其他話題時我也會這麼做，因為能**激發孩子思考、斟酌事情的問題**，往往可以讓他們學到最多東西。但我發現關於表達意願的問題特別容易讓他們深思，因此在談論相關話題時特別常用提問的策略。下次當你發現好時機，也就是你跟孩子和平相處的時刻，想跟孩子聊聊怎麼做決定，怎麼聲明自己的意圖和需求，還有怎麼容許他人感受到痛苦，可以這樣展開話題：「喔，我想到了一個有趣的問題」，然後從以下挑幾個問題（不要一下子全問！）：「做你覺得對的事，或是做讓別人高興的事，哪一個比較重要？如果你不能兩者兼顧怎麼辦？什麼時候你會覺得讓別人開心比較重要，不做你覺得對的事也沒關係？你什麼時候會覺得做自己覺得對的事超級重要，就算得罪人也要做？如果你做了自己想做的事，可是別人因此對你很生氣……這代表你是壞人嗎？為什麼？」

後續發展：這套方法怎麼幫助孩子？

塔莎想起了尊重身體意願的迴路——她希望孩子即使知道會惹惱別人，還是可以表達自己的意圖和需要，她也知道這樣的身體反應必須從小培養，長大後才會適時發揮作用。塔莎對琪琪說：「你不想抱爺爺嗎？沒關係，你是唯一可以掌控自己身體的人，只有你知道什麼會讓自己舒坦。只是你要知道，你不給爺爺抱讓他很傷心。這是可以接受的，當我們說不的時候，別人可以有難過的感受，你不需要因為他們不開心就改變主意。」

接著塔莎對爸爸說：「讓孩子知道他們可以掌控自己的身體，對我來說很重要。我知道你現在可能不同意我的教養方式，沒關係，可是請不要說一些誤導她的話，讓她覺得這麼做有問題。」

第24章 孩子哭了怎麼辦？

阿卜杜拉收到電子郵件告知，他的七歲兒子尤瑟福沒有獲選加入某旅行棒球隊。阿卜杜拉對兒子說：「嘿，兒子，旅行棒球隊沒有選上你。不過你還是可以參加現在的球隊，所以還不錯，對吧？你可以繼續跟朋友一起打球。」阿卜杜拉注意到尤瑟福眼眶泛淚，他不確定要對兒子說些什麼，或是要用什麼方式才能轉移兒子的注意力，讓他不要那麼難過。

這裡有個簡短的選擇題要先請你做：想像一下你正在跟朋友說話，然後你意外發現自己快哭了。你對自己的眼淚有什麼感覺？以下哪個選項最接近你的想法？

A. 我完全沒有哭的理由啊！這太奇怪了。

B. 這樣會讓朋友尷尬。

C. 我猜我的身體正想傳達一些訊息給我，而且一定是很重要的訊息。

這個選擇題沒有正確答案，不同選項說明不同的事，你注意到了嗎？你正在為了流淚這件事批判自己嗎？還是你比較在乎朋友的反應？或是你對自己感到好奇、尊重、同情？

我們對流淚有什麼感覺，正好說明我們有什麼樣的過去。透過這個選擇題，我們可以開始了解原生家庭如何看待哭泣。總之，流淚很普遍，我們對流淚的反應卻不盡相同，這是因為發育早期建立的身體迴路有所不同。

在我們的依附關係系統中，流淚表示我們需要情感支持，想與他人連結。眼淚代表我們的感受，還有感受的力量。有時我會想像我的眼淚告訴我：「你的內心正在發生非常重大的事，我從你的眼睛流出來就是要你停下來，注意這件事。」但有時孩子用眼淚表露內心深處的怯懦，會使父母感到非常氣惱。請記住，讓我們氣惱的行為，往往會告訴我們幼年時被迫**學會揚棄的感受**。為什麼「因哭泣產生的羞恥感」經常一代傳一代？孩子哭是為了尋求父母的情感支持，父母會氣惱，則是因為他們從小學著放棄追求情感支持，於是也用年幼時學到的方式來回應孩子，流淚等同羞恥的循環就這樣持續下去。又或者，從另一方面來說，眼淚可能觸發了父母內在的愧疚，他們因此認為孩子會痛苦是自己造成的，或是代表自己的教養方式不夠好。造成創傷的教養方式應該到此為止，讓改變從我們這一代開始吧。我們應該這麼提醒自己：「身體不會說謊。眼淚是關於內在感受的身體訊號。我不必喜歡我的眼淚或孩子的眼淚……可是我必須尊重眼淚的存在。」

無論何時討論哭泣的問題，我都會問這個問題：「那如果遇到『假意的眼淚』或『假哭』怎麼辦？」這個問題又延伸出另一個問題：我們憑什麼說某些眼淚是假意的？我們應該退一步來反思，**解讀一個情境的角度**會怎麼影響我們**對孩子的感受**。為眼淚貼上「假意」的標籤，其實有評判的意味。我們藉此拉開了自己與孩子的距離，認為他們試圖控制人，把他們當成「敵人」。這個思路令我戰慄，因為父母不會想這樣看待孩子——正好相反，我們想要以體貼又開放的好奇心去了解孩子，去相信孩子（成人也是！）只是想善加利用身邊的資源做自己能做的事。換句話說，孩子的內在是良善的……那麼當他們以更激烈的方式表達感情，又是怎麼回事？這才是我們應該問的問題，因為這個問題對孩子抱有好奇心，表示我們跟孩子站在同一邊，背後的意圖是連結，而不是評判。

我們再來想想「假意的眼淚」。在什麼樣的情況下，我，一個大人，會用更激動的方式表達情感？說到底，我們都會遇到類似的情況。當我希望他人認真看待我的感受或了解我的需求，對方卻不感興趣、予以否定，或是認為我小題大作時，那麼我的身體無疑地會產生更激烈的反應，表達想受關注或被理解的熱切渴望。當我們從這個角度看「假意的眼淚」，我們應該在意的是沒有得到滿足的內在需求，而不是激動的表現方式。這種時候，可以說一些支持對方的話：「我看得出來你有沉重的心事，我也很在乎，我會在這裡陪你。」或「我看得出來你很沮喪，我相信你，真的相信你。」當然，這不代表你要「答應」孩子哭泣時提出的任何要求，從家庭職責分工我們已經知道，以下兩件事同時成立：我們可以堅守界限，並且給予孩子同情與肯定。

教養策略

聊聊哭泣

孩子沒哭的時候，可以跟他們聊聊哭泣這件事。比如，在一起讀書時注意到書中人物感到悲傷，你可以停下來說：「她看起來很悲傷，我在想她等一下會不會哭。有時我會因為悲傷流淚，有時卻不會，哭不哭都很合理。」或是聊你哭泣的經驗：「記得我在你這年紀時，難得可以去冰淇淋車買冰淇淋，沒想到我去的時候，最想吃的冰淇淋三明治賣完了！怎麼會這樣！我好失望，哭個不停。」這麼做可以讓哭泣看起來沒那麼羞恥，孩子知道**你也會哭**，甚至還會為了「微不足道的小事」哭，那麼他流淚時，就不會感到那麼孤單。

認識眼淚的重要性

我會跟我的孩子說：「眼淚會告訴我們身體裡有大事發生。」並進一步說明：「前幾天我看電視，看著看著就不知道為什麼哭了！你知道有時候我們的身體反應比大腦還快嗎？我的身體那時一定想到了什麼重要的事。所以就算我不知道為什麼會淚流滿面，我還是可以接受這樣的自己。」這樣孩子就會知道一件很重要的事：有時我們的身體會察覺內心還不了解的事。我看過無數大人在流淚時想著：「這不合理啊！我為什麼在哭？我有什麼毛病？」然後陷入一連串自責。我們應該有耐心地去了解眼淚的形成和身體的訊號，如果孩子能及早學會這件事，對他們的身心健康會十分有益。

蘇格拉底式提問

花一些時間跟孩子討論哭泣，鼓勵進一步思考並質疑眼淚等同軟弱的刻板印象。以下有一些可以開啟討論的問題，主要目的是促進思考，沒有標準答案：「你覺得眼淚告訴我們什麼？哭泣是好事還是壞事，或是不好也不壞，或是？你知道流淚可以釋放身體的壓力嗎？很有趣吧？有的人不喜歡哭，為什麼？小男孩和小女孩都可以哭嗎？大人小孩都可以哭嗎？男人和女人都可以哭嗎？你比較能接受女生哭嗎？還是男生哭和女生哭都可以接受？為什麼？你是從哪裡學到的？」

後續發展：這套方法怎麼幫助孩子？

阿卜杜拉深吸了一口氣，想起眼淚不是敵人，悲傷不是敵人，脆弱也不是敵人……孤獨地經歷這些情感是最令人痛苦的事——孤獨感才是最大的敵人。所以阿卜杜拉對尤瑟福重述了剛剛發生的事，他知道不必提供解決方法，陪伴就能給尤瑟福一些慰藉：「你真的很想加入那個球隊，所以你現在很失望，我懂。」阿卜杜拉頓了頓，面對從小學著**評判哭泣的內在聲音**，他先是對自己說：「哭泣沒關係，眼淚很重要。」然後又對尤瑟福說：「眼淚會告訴我們身體裡正在發生重要的事。我們家喜歡知道重要的事，所以哭出來沒關係。我在這裡陪你，我就在這裡。」尤瑟福哭了，阿卜杜拉也覺得自己很想哭。這是非常珍貴的父子時光，阿卜杜拉好希望自己和爸爸也能有更多這樣的時刻。

第25章 建立自信

六歲的查理跟朋友在後院跑來跑去玩鬼抓人。他的媽媽克拉拉注意到他一直被抓，動作老是比靈活的朋友慢半拍。查理的朋友一離開，他就哭著對媽媽說：「他們的動作都比我快，我一直被抓到。我是全年級反應最慢的！」克拉拉看到孩子難過很不捨，她是否應該跟查理說他只是今天狀態不好，或是說至少他很會下西洋棋和畫畫。

孩子常常學到：有自信代表感覺很好、感到驕傲、對自己很滿意。其實不是這樣。雖然聽起來有點像在說大話，但我認為大家應該重新思考自信的定義。當我們認為有自信代表「滿意自己」，我們就會想說服孩子不要感到痛苦、不要覺得失望、不必承認自己不擅長某些事，很不幸的，這種看似讓孩子安心、給孩子支持的作法，實際上正在摧殘他們的信心。

先聽我說完。對我而言，自信與感覺「滿意」無關，自信的根源應該是相信。「我確實知道自己現在的感覺。對，沒人能讓我否定這種感受，我允許自己有這種感受，而且我因此覺得自己是個好人。」自信是**能與各種感受自在相處的能力**，無論你有什麼感受都能接受自己的模樣，你就會有自信。

我們先從成人的例子開始談。假設你在跟老闆開會，本來一邊點頭一邊聽，可是後來發現越聽越不懂她想表達什麼。在這種情況下，自信就是「相信自己」，也就是可以在會議中默默對自己說：「嗯，我不知道她現在想叫我做什麼。完全不懂她的話。我相信我的感覺，這不代表我犯了什麼錯。」然後對老闆說：「等等，我不太懂你剛剛講的話，我不希望誤會你的意思，否則之後溝通很容易出問題。可以麻煩你從頭再講一次嗎？」開這場會議時，有自信的話，就不會試圖說服自己裝懂，而是會容許自己表達困惑。

好心的父母聽到孩子訴苦時，常常會否定孩子的痛苦，可能不是直接說：「別撒嬌了好嗎！」而是用更婉轉的方式否定，像是要悲傷的孩子快樂，要失望的孩子自豪。當我們試圖說服孩子用其他方式感受自己的情緒，他們學到的是：「我猜我不懂自己……我以為我很沮喪，可是我最信任的大人告訴我，這沒什麼大不了的，所以我不能相信自己的感覺，因為其他人都比我還懂我自己。」這，太可怕了。當我們想像孩子長大的模樣，我很肯定我們大多希望他們擁有堅定的內在指引，也就是具備關鍵時刻可以依賴的直覺。所有成人每天應對各種變化，擁有這種直覺很重要，例如：在疲累想補眠時拒絕社交邀約；發現重要會議的與會名單漏了自己時，可以找同事理論。懂得相信自己的直覺，明白「**我已經學會相信自己的感受**」，就會有自信。我希望我的孩子有能力思考：「我跟朋友之間發生的事讓我很不開心，她卻說我反應過度、小題大作。她怎麼可能比我懂我的感覺？我知道我的感受！我是唯一知道自己感受的人。」當父母讓孩子感受他們原本的心情，並體會這些心情，孩子就會有自信。父母如果能體會孩子的悲傷、失望、嫉妒、憤怒等負面情緒，好處不只是為孩子建立自信，還能讓孩子覺得無論面對什麼感受，他們都可以「做自己」。多美好啊！

要讓孩子有自信，不只要在事情不順時對他們說對的話；在事情順利時說的話也很重要。我們常以為稱讚有助於增進信心，其實正好相反。「親愛的，做得好！」「你真聰明！」「你是天才藝術家！」這些善意的話語會助長孩子依賴外在肯定，或是他人的認可。我們應該要鼓勵孩子尋求內在肯定，也就是學會認可自己。**向外追索**到的良好感覺，跟**由內產生**的良好感覺是很不一樣的。舉例來說：六歲的孩子畫了一張圖，如果他渴求外在肯定，就會追著父母問：「你喜不喜歡？喜歡嗎？覺得好看嗎？」尋求內在肯定的孩子則會停下來，看著畫，發表自己的想法。一名少女聽到男友說的某句話後，覺得很生氣，如果她依賴外在肯定，可能會連續問五個朋友這是不是有那麼「嚴重」，如果她懂得內在肯定，就會注意到自己為什麼感到不適，並且向男友表達意見。

當然，我們都會尋求外在肯定，也喜歡得到讚許。這沒什麼問題。我們的目的不是要讓孩子對他人的認可或回饋無動於衷，而是要培養孩子的**內在主體性**，讓他們明白自己內在的樣貌，這樣一來，就算沒有外在肯定，他們也不至於感到空虛、迷惑。此外，我們無法靠外在肯定或稱讚培養信心。能得到正面評價固然令人得意，但這種感覺來得快，去得也快，不會一直跟著我們，為了再次歡喜起來，我們會渴求更多稱讚。這不是信心，只是空虛感。

要稱讚可以，但要注意：比起實際產出，應該要更關注孩子的發展過程，針對**孩子的內在**變化給評論，這樣他們才不會老是向外索求，而是更關注內在。比如可以對他們說：「這項作業你做得很用心。」「我發現你在這張畫用了不同的顏色，可以告訴我為什麼嗎？」「為什麼你會想到要做這個呢？」這類評論都有助於增進信心，因為孩子可以從中學會觀察自己在做的事，更了解自己，這樣就不會一直想要贏得別人的好評。

教養策略

用肯定來引導

知道自己可以有任何感受，就會有信心——如果我們牢記這個道理，讓孩子知道，他們的情緒在我們眼中都是真實且可控的，就可以培養他們的信心。當我們指認孩子的感受，並加以肯定，孩子就會知道有這些感受也沒關係。以下是一些範例：

情境：你送兒子上學，兒子在下車時說他覺得悲傷。

用肯定來引導：「你下車時會難過喔？很正常喔，有時候就是會捨不得下車。」（而不是說：「可是接下來一整天都會很好玩，不是嗎？」）

情境：女兒不想去練足球。

用肯定來引導：「現在去練足球是不是哪裡怪怪的？好吧，我們一起來想想。」（而不是說：「可是你那麼喜歡踢足球耶！」）

「你怎麼會想到要……？」

「你怎麼會想到要畫那個？」

「你怎麼會想到要把這句話當成故事開頭？」

「你怎麼會想到要用這個方法解這題數學？」

「你怎麼會想到要把這些素材放在一起？」

比起稱讚孩子「做到了什麼」，跟孩子一起去想「怎麼做到的」，可以幫他們更常向內探索，對自己產生好奇，甚至可能讓他們驚嘆自己的成就。畢竟，當周遭有人想知道我們的想法，好奇我們怎麼創意發想，詢問我們下一步想做什麼，我們都會覺得非常高興。問孩子「你怎麼會想到要……？」時，他們會知道，我們感興趣的不只是他們的產出成果，還有產出過程，他們的內心就會培養出這樣的信念：「我想的事情很有趣，也很有價值。」

內在世界大於外在世界

孩子有能力去分辨內在認同和外在行為的差異，就能建立自信的身體迴路，要養成這種能力，孩子所生長的家庭要更注重孩子的「內在世界」（人品、感受、想法），而不是計較孩子的「外在世界」（成就、結果、標籤）。例如，女兒參加一個球隊，她的內在世界包括練習時的努力、面對輸贏的態度、嘗試新事物的意願，她的外在世界則是進球率或全壘打率、「最有價值球員」稱號等。在學業方面，內在世界可能有多解數學加分題的意願、花時間讀書的紀律、對學習科目的熱忱；組成外在世界的則是成績、考試分數、「資優生」之類的稱號。當家庭越重視內在世界，孩子也會越看重內在世界，久而久之，他們就會認為珍視自己比追求成就更重要。

「你確實知道自己的感受。」「有這種感受沒關係。」

信心就是**相信自己**，因此要培養孩子的信心，就要先讓他們學會相信自己的感受。有時成人也很難做到。我們常常質疑自己：「我是不是反應過度了？」「我可以有這種感覺嗎？」「如果其他人遇到同樣的情況，也會有這種感覺嗎？」這些都是自我懷疑的表現，代表我們或多或少否定了自己的經驗，孤立了自己，或者試圖說服自己不要有那些感受。身為父母，我們應該要讓孩子懂得同情自己、相信自己，我們可以對他們說：「你現在確實知道自己的感受了。」「哇！你真了解自己。」這些回應可以教孩子用開放的態度觀照內在，而不是評判自己。當孩子在公園裡抓著你不放，你可以說：「你還沒準備好。沒關係。你現在確實知道自己的感受了。」當孩子為了朋友沒邀他到家裡過夜而哭，你可以說：「你非常失望，有這種感覺很正常。」

後續發展：這套方法怎麼幫助孩子？

克拉拉想起，信心來自於接納自己的所有感受，抹除痛苦或轉移注意力沒有幫助。她對查理說：「今天跑來跑去玩鬼抓人很累吧？還老是被抓，嗯，真的超討厭。我懂，親愛的，我在這裡陪你。」她沉默了下來，查理靠著她又哭了一會兒。之後，克拉拉覺得時機差不多了，便說：「我在你這個年紀的時候，很不會打籃球，其他人都會投籃，我的球卻連籃框都碰不到，唉，我那時超討厭體育課……」查理靜靜地聽，然後問媽媽後來怎麼了，彷彿媽媽的童年故事讓他接納了自己的感受。聊完之後，克拉拉有點不確定這樣好不好，因為問題看起來還是沒解決，但她覺得這個作法**是對的**，最後決定相信自己的感覺。

第26章 讓孩子跟完美主義和平共處

五歲的芙萊雅正在寫幼兒園的作業，題目是用她學過的字說明一件事怎麼做，寫成四句話組成的短文。芙萊雅的媽媽艾思琳看到，女兒每寫一個字就會喃喃自語：「不對，這個字不是這樣拼的。」然後一再擦掉重寫。

「親愛的，照你這樣寫就好啦！」艾思琳對芙萊雅說：「老師不是說了嗎？你不必每個字都拼得很完美。」

「我討厭寫作業！」芙萊雅說：「你不告訴我怎麼寫，我就不寫了！」

艾思琳不知道該怎麼辦。

有的孩子總會希望每件事都要正確無比，無法容忍「差不多就好」，事情沒有照期望的方式發展，就會裹足不前，他們是怎麼回事？其實，追求完美表現的背後，總有情緒控管問題。孩子會說：「我是世界上最糟的畫家。」是因為畫出來的東西跟他下筆前想像的畫面差太多，令他失望。孩子說自己數學超爛，是因為他希望自己有能力解決問題，不會感到困惑。認為自己讓隊友失望的孩子，往往忽略了自己表現優異的時候，只注意到自己犯的錯。每個案例中，孩子對於現實不符合預期的失望，或者說期待落差，都以完美主義的型態表現出來。由於完美主義是情緒控管問題的表現，邏輯不管用，就算我們說畫得很好看、他要解的數學題每個人都覺得難、一球沒進不會影響大家對運動員的評價，孩子也聽不進去。完美主義傾向的孩子常用非黑即白的二分法思考，把自己的表現說得極糟，我們必須留意誇張表現之下難以控制的劇烈情緒，才能發現問題核心，幫他們培養所需的技能。

追求完美的孩子通常也比較一板一眼，他們的心情和反應會比較極端，有時彷彿站在世界巔峰，有時卻像沉到木桶底端。他們的自我概念非常脆弱，讓他們感到安全、滿意的事物只存在於狹隘的範圍內，超出這個範圍的事物都讓他們覺得很糟，因此一旦事情不如預期，就會放棄回應。他們說：「我不做了！」「我完了！」「我最爛！」之類的話，不是因為他們很固執或是想耍賴，他們只是在那個當下無法對自己感到滿意。父母的目標是幫完美主義者拓寬認可事物的範圍，讓他們發現「灰色地帶」的存在，才不會老是忽然認同自己，又忽然不認同自己。我們希望追求完美的孩子可以知道，差不多好就夠了，不必執著於完美。

追求完美的孩子無法容忍細微的差別，或者應該說他們無法理解，而這正是他們難以接納灰色地帶的部分原因。完美主義者無法區分**行為**和**自我定位**的差異，他們覺得行為等於自我定位，無論是對自己滿意或覺得丟臉，都會這樣思考。例如，順利讀完一頁書（行為）代表「我很聰明」（自我定位），唸錯一個字（行為）代表「我很笨」（自我定位）；第一次學綁鞋帶就成功（行為）等同「我好棒」（自我定位），打結沒打好（行為）等同「我好爛」（自我定位）。

為了幫助有完美主義傾向的孩子，我們得讓他們知道怎麼區分「我在做什麼事」和「我是什麼樣的人」，這樣他們可以學會在灰色地帶感到自在，即使第一次綁鞋帶綁不好，或讀書讀不懂，還是會覺得自己做得到。完美主義只承認成功的產出結果，剝奪了孩子（和大人）在學習時感到舒坦的能力。因此我們得讓完美主義小孩知道，怎麼找到「差不多好就好」的基準線，怎麼發現成功結果之外的自我價值。

關於完美主義，還有很重要的一點值得注意：父母應該要幫孩子**發現**自己有完美主義，但不必幫他們消除這個傾向。有很多父母認為要把孩子變成「非完美主義者」才好，然而讓孩子封鎖一部分的自己（尤其是用強勢的方式執行時），也是在告訴孩子，他們封鎖的那部分是壞的或是錯的。我們真正要做的是讓孩子跟完美主義**和平共處**，發現自己追求完美時會是什麼樣子，避免任由完美主義控制情緒和行為。畢竟完美主義也有好的面向，例如努力行動、有主見、意志堅定等，我們會希望孩子可以好好運用這些特質，而不是讓追求完美的壓力整垮自己。

教養策略

當一個會犯錯的榜樣

孩子總是會觀察學習父母重視的事物，並從中發現最重要的家庭價值。如果你有完美主義傾向的孩子，可以留意要怎麼在他們面前犯錯、掙扎、「面對灰色地帶」。舉例來說，「喔不！我寄給老闆的重要郵件拼錯了一堆字！天啊，我本來要再檢查一遍，可是我忘了！」說出自己犯的錯之後，把手放在胸口，用一段大聲的自言自語讓孩子知道：「就算犯錯，我也不會有事的，我很安全。我犯錯的行為不會影響我的良善內在。」當孩子遇到困難時，你就可以比較自然地做類似的示範，教孩子區分行為和自我定位，讓他們知道事情沒那麼糟。

說說受到完美主義影響的情緒

當孩子堅持某件事要完美無缺，或是為了事情有瑕疵而裹足不前，你可以練習發現行為之下的情緒，然後描述你對孩子感受的觀察。這麼做是為了讓孩子不再那麼關注完美樣態，而是轉為注意自己的感受；當他開始對於自己的體驗有所覺察，之後就能學著調節情緒。所以當孩子說：「我是唯一不會玩攀登架的小朋友，我才不要去遊樂場，一點都不好玩。」你可以試著觀察並描述他的感受，像是：「嗯，不會玩攀登架嗎？你看起來很在意這件事。」

或「有時候你有一件討厭的事，其他事也跟著變討厭了，對吧？好比說，你不喜歡遊樂場的某個設施，整個遊樂場就變得一點也不好玩了。」這裡我對孩子述說的，是行為背後的難受情緒，我想讓孩子知道我觀察到的情緒反應。父母很容易就會對孩子說：「你不想做就別做，沒什麼大不了的。」或「不管！你還可以玩其他的遊樂設施啊！」可是要記得，邏輯無法培養情緒調節能力，而完美主義小孩最根本的問題，就是調節負面情緒。

玩偶角色扮演

用玩偶或玩具車或任何孩子喜歡的玩具，演一個有完美主義者角色的故事。你可以當一部有洞的挖土機，哭著抱怨自己的外觀，也可以當一隻爬樹只能爬一半的熊，你的角色扮演可以像這樣開始：「喔喔不不不！我受夠了！怎麼做都不完美，我不做了！」然後停頓，看看孩子的反應。如果你覺得時機合適，可以輕聲對孩子說：「我也曾這樣覺得。有時候東西做出來就是會跟我想要的不一樣，讓我覺得一切都糟透了。」或是可以示範怎麼調適，比如你可以讓一輛垃圾車出來對挖土機說：「事情跟你希望的不一樣，感覺很糟吧。我懂，我在這裡陪你。」然後你可以繼續扮演挖土機，表現出調適的樣子：「好吧，我會再多挖一下，就算我不完美，我還是可以做事……」

介紹內在的完美聲音

平常沒事的時候，可以跟孩子聊聊內在的「完美小孩」或「完美女孩」或「完美男孩」，像這樣：「你知道嗎？我的身體裡有個完美女孩……沒錯！她常常跟我說，事情如果沒做到完美，就沒有做的價值！我覺得你的內在也有一個完美女孩，你寫數學作業時，她好像就會出現。總之，如果身體裡有個聲音一直告訴我們要完美，是沒問題的。很多人都這樣！可是有時候完美女孩說話太吵了，讓我沒辦法集中精神。我發現好好跟她談一談會有幫助……」

現在停下，看看孩子的反應。通常他們會馬上問：「什麼意思？」你就可以繼續說：「意思就是，完美女孩本來沒問題，可是如果她太吵，害我沒辦法聽到心裡的其他聲音，就會有問題。這時候，我就會跟她說：『嗨，完美女孩，怎麼又是你！我知道你老是說「要完美、要完美、一定要完美，如果不完美就要停下來。」我都聽到了！我想拜託你不要管那麼多。我想要深呼吸，想要聽到我心裡的另一個聲音說「我可以做困難的事。」』然後我就會聽到一個比較小聲的聲音對我說，事情很難沒關係，我做得到。」

你可能會懷疑，孩子怎麼可能會懂得辨識內在的聲音。但通常讓我們不敢嘗試新作法的，都只是我們的懷疑。請放心，「完美的內在聲音」來自內在家庭系統和內在有多重性的觀念，並不是我憑空創造出來的方法（更多細節請見第4章）。辨識出內在的不同聲音，有助於釐清思緒；因為吻合孩子身體裡的感受，他們也很容易接受。此外，「完美的內在聲音」能奏效，是因為我們能藉此教孩子理解自己的完美主義，而不是排拒這樣的自己，畢竟排拒一部分的自己就是一種自我厭惡。如果我們可以跟孩子討論「完美的內在聲音」，他們就不會把完美主義當敵人，還會覺得自己有能力處理完美主義造成的問題。如果你已經開始用這個方法，也可以跟孩子更進一步聊聊，他們會怎麼形容或描繪心目中的完美小孩。很多孩子都很喜歡這個話題，把完美的內在聲音擬人化讓他們能夠安定下來，學會理解自己，好處多多。

翻轉完美主義

有一天，我女兒教我一個西班牙文單字，我回答：「一比不知道！」她困惑地看著我，我解釋：「不知道代表我可以學習新事物，這樣很棒！我剛剛學了一個新東西，所以我得到一分！」在這個遊戲中，「贏」不等於「完美」或是已經知道，而是對應學習的過程。把不知道化為一種「贏」，孩子可以一邊掙扎一邊學習，這對完美主義者意義重大。我女兒在學東西時特別喜歡這個遊戲：「媽媽，我得到兩分了，我剛學到了兩個州的首府！」還有很多方式可以翻轉完美主義：把不知道變成遊戲、把犯錯當成一個目標、出現一個錯誤就擊一次掌……

後續發展：這套方法怎麼幫助孩子？

艾思琳想起來，她應該要幫芙萊雅注意到自己有追求完美的傾向，而不是要幫芙萊雅擺脫完美主義。「拼字好難，我懂。」艾思琳說：「你會覺得如果沒有寫到好，就沒辦法寫下去，對不對？我記得我六歲時也會這樣，感覺非常痛苦。」芙萊雅稍微冷靜了下來，但她還是堅持要媽媽跟她說每一個字怎麼拼，否則就不寫作業。艾思琳知道，如果答應了，眼前的僵局會立刻解決，但她也明白，芙萊雅可能會從此更加堅信「完美無缺」才算夠好。她想採用翻轉的策略，於是對女兒說：「芙萊雅，你知道嗎？你現在只是幼兒園學生，老師說你要學的只是拼字，有沒有完全拼對不重要。我現在要去我房間找一樣東西，等一下回來檢查你寫的內容。你不准拼對任何一個單字，半個字都不行！如果你拼對一個字，我就寫信跟老師說你不是聽話的好學生，聽到了嗎？」艾思琳表現出很認真的樣子，然後離開，她本來以為芙萊雅會繼續哭鬧，沒想到芙萊雅很安靜。等艾思琳回來時，芙萊雅已經寫完兩個句子了。艾思琳注意到有七個單字拼錯，三個單字拼對，又開口：「芙萊雅，我真不知道該拿你怎麼辦耶，你拼對太多單字了啊！你的任務就是學習，拼對這麼多字，你就學不到了呀！」芙萊雅和艾思琳大笑，艾思琳心裡很明白，這是一個重要的時刻。

第27章
讓孩子相信自己很安全，才能緩解分離焦慮

三歲的衛斯理要開始上幼兒園了，他每天早上看著哥哥姊姊去上學，現在他也要去了，覺得很興奮。爸爸傑夫知道，有的孩子進校門前會跟父母難分難捨，他不想讓衛斯理產生任何類似的想法，於是什麼也沒說。然而到了上學第一天，衛斯理還是不肯自己進校門，他抱著傑夫的大腿不放，哭喊著：「不要！不要！爸比不要走！爸比陪我！陪我！」傑夫不知道事情怎麼會變這樣，也不確定該怎麼辦。

分離是個難題。孩子在校門口下車時大哭，或纏著正要出門上班的媽媽，或明知道要去上學了卻東摸西摸不肯出門，都很正常。請記住，有依附關係才會有這些行為。孩子認為有父母在的地方就安全，因為他們的身體覺得：「只要父母在身邊，就會得到保護。」在分離

時，孩子必須從新環境中找到安全感，或是跟新的照顧者或老師建立有安全感的連結，這是非常困難的事。要做到這點，即使父母不在身邊，他們還是得相信自己擁有安全的親子關係，一切都會沒事。為了讓分離不那麼難受，孩子必須懂得**內化**有父母陪伴的感覺，才能相信自己不在父母身邊也會很安全，在學習分離的過程中，難免會有眼淚和複雜的情緒。安全感就像一顆光球，孩子在父母身邊時，就如同沉浸在光球的光暈中，可以安心地探索、玩耍、成長。孩子漸漸長大後，我們希望，孩子不只是從外在感受到光芒，還可以在離開父母後，把光球完全變成自己的所有物，讓自己的內在發亮。

弄懂了內化的概念後，我們就能理解，孩子需要什麼，才不會跟父母難分難捨。父母必須給孩子一些事物，讓他們可以在分離後持續回味親子關係的美好。英國兒童精神分析大師唐諾．溫尼考特（Donald W. Winnicott）曾提出，孩子會創造心靈圖像來代表親子關係，父母不在身邊時，就可以用來重溫他們在父母身邊的感覺。在孩子克服分離焦慮前的過渡時期，小毯子、玩偶、家裡的小物件等，可以當成親子連結的象徵物，幫孩子適應分離，讓孩子覺得，父母就算不在身邊也會支持他們。看到為分離焦慮苦惱的父母，我都會推薦他們準備小物件，讓孩子在過渡時期的情緒可以穩定下來。也就是說，先讓孩子相信，我們不在身邊不等同於消失，就能緩解分離焦慮。

就算在同一個家庭中，孩子面對分離的反應也截然不同——老大在分離時沒什麼反應，老二知道接下來要分離卻陷入恐慌，是很常見的情況。了解孩子的性情，可以更容易預測，孩子要離開你時會有什麼反應。比如說，我的其中一個孩子不怕冒險，喜歡嘗試新事物，無論面對什麼變化都很冷靜，另一個孩子比較慢熱，行動謹慎，情緒波動比較劇烈且持久，即使第一天上幼兒園的外在因素完全相同，我和我先生也都能預測，那個不怕冒險的孩子分離焦慮會比較輕微，可能沒哭鬧幾天，就能很快適應新的生活節奏。請注意，性情的差異不應有優劣之分，我不會說孩子能迅速適應分離就是比較「懂事」，這兩個孩子只是在用不同方式體驗分離。了解孩子的獨特性很重要，因為你可以預判孩子在分離時可能有什麼反應，在孩子哭鬧不停時，先有心理準備，也比較能平和面對。

說到分離時的哭鬧，父母必須記住，自己只看得到分離過程中說再見的部分。我們往往不會有機會看到孩子從沮喪中恢復冷靜，或是看到他們哭完後跑去玩耍的快樂模樣。事實上，在上課時很投入的某些孩子，也是分離時最會哭鬧的孩子。分離後很重要的一點是，父母要能相信孩子可以適應。孩子在道別時的表現，不能代表他們在學校或托育中心的全部表現。基於這點，父母道別時應該流露出有信心的樣子，因為道別時的情緒會嚴重影響孩子的感受，我們的焦慮會加強他們的焦慮，我們的猶豫、緊張、懷疑，他們也會吸收，導致分離時的情緒表現更激烈。在分離時刻，孩子的反應基本上是在問：「你覺得我會好好的嗎？」如果父母在道別時流露出恐懼，那就像在對孩子說：「你在這裡不安全。掰掰！」——這是最令孩子害怕的情況，所有孩子都會嚇壞的。當然，分離對每個人都不容易，可是請記得，我們身為父母可以主導道別時的氛圍，表現出有信心的樣子，非常有益於孩子適應新環境。

教養策略

檢視自己的焦慮

留意一下，自己跟孩子分開時有什麼感覺。覺得悲傷或緊張，都很正常！我們永遠不可能擺脫自己的情緒，但為了在分離時擔任可靠的領導者，我們有義務好好了解自己的內在需求。我常用的作法之一，就是跟令人難受的情緒打招呼，像這樣：「嗨，焦慮，你可以待在這裡！」或「嗨，悲傷！我知道你在這裡，因為孩子越長越大，要慢慢離開我身邊了。你留在這裡沒關係，我送孩子上學前想先跟你打個招呼，等到我回到家，我們也會好好相處。不過，當我跟女兒說再見時，我希望你可以離遠一點，我想讓她覺得上學很安全。」如果想了解怎麼接納、調節自己的情緒，第10章還有更多策略可以參考。

討論分離和感受

在真正分離前，先跟孩子聊聊。如果是第一次上學，可以在開學日前一週跟孩子說說上學的情況：會怎麼到學校、老師叫什麼名字（有照片更好！）、教室長什麼樣、在校門口道別會是什麼情形。你可以這麼說：「再過幾天你就要上學了！學校裡會有很多小朋友跟你一起上課、一起玩，學校裡也會有大人照顧你，你要叫他們老師。你在學校裡可以玩積木和娃娃，唱歌時還可以坐在圓形地墊上喔！不過媽咪只會帶你去上學，還有接你放學，我不會坐在教室裡陪你。剛開始你可能會很不習慣，因為你要跟我說再見，還要認識新的大人和其他小朋友。」

大一點的孩子要去朋友家過夜，或參加學校露營之前，也可以用同樣的方式幫他們做心理建設。預先討論分離時，可以讓孩子看照片，了解一下要去的地方，預期可能會產生的感受，你可以這樣說：「你明天晚上要去拉奎拉家過夜——第一次在外面過夜，是不是很開心！拉奎拉的媽媽傳了一些房間的照片過來，我們可以先看一下你會在哪裡睡覺……喔你看，拉奎拉的棉被是藍色的，跟你房間裡的被子一樣呢！角落還有一盞小檯燈，拉奎拉睡覺時喜歡把它點亮……嗯，這就跟你習慣的不一樣了。我在想，你在不熟悉的地方過夜會有什麼感覺？」

道別小儀式＋練習

想一個簡單又可愛的小儀式，然後持續練習。你可以說：「我們在校門口分開的時候，我會給你一個抱抱，還會跟你說『小鱷魚，晚點見！』『爸比永遠都會回來接你！』然後我就會轉身離開。到時候老師會陪你，如果你覺得很難過很難過，他們也會知道怎麼幫你。我們現在來練習吧！」然後開始演練送小孩上學的場景，你可以先扮演小孩，讓孩子扮演大人，然後再交換角色。練習可以讓你們更熟練整套小儀式，等到你們都可以流暢地進行，分離就會更有安全感。

過渡時期小物件

玩偶或小毯子可以跟著孩子上學、回家，為孩子建立起兩個環境之間的連結，對於有分離焦慮的孩子特別有幫助。你的孩子可能會想要帶著護貝的全家福照片（用透明膠帶製作也可以！），你可以一併應用在道別小儀式上，告訴孩子，你離開後他們可以看著照片對自己說：「我的家人就在身邊。我的家人就在身邊。」你可以跟孩子一起選過渡時期小物件：「什麼東西讓你有家的感覺，你想要帶去學校？」

說故事

孩子放學後，或是孩子從其他地方回家團聚後，多聊聊分離的感受，有助於緩解分離焦慮。如果孩子在道別時看起來心情很差，那天就特別應該討論分離的故事。在平靜、親密的家庭時間，你可以對早上不肯進幼兒園校門的孩子說：「你今天說再見的時候看起來有點難過。沒關係喔，你還沒習慣說再見然後去上學，覺得難過是很正常的。你的老師跟我說，後來你有深呼吸，看了一下我們的全家福，然後團圈圈時間你也跟大家坐在地毯上一起玩。媽咪說過，我會回去接你啊！你看現在我們一起在家裡了。」孩子參加夏令營回家，你也可以說：「夏天剛開始要說再見很不好受，我懂，我們都哭了，心情也很差……然後你習慣了營隊的生活，也越來越少想家了。現在營隊結束了，你也回家了，還帶回了好多故事要跟我們分享。我們又團聚了，就跟我們當初道別時說的一樣。」敘述分離的故事可以讓孩子知道，道別的那一刻只是故事的一小部分，說再見的痛苦不見得會在分離後永遠持續。

後續發展：這套方法怎麼幫助孩子？

傑夫想起他應該要允許衛斯理在道別時有任何感受，於是提醒自己，晚上要幫衛斯理做一些心理建設。至於現在這個道別的當下，傑夫蹲下來平視著衛斯理說：「你之前沒跟爸比這樣說再見，覺得很不習慣吧。就算我們分開會讓你難過，接下來你在學校也會過得很好喔。」他抱了一下衛斯理，又小聲說：「我離開之後，你的老師泰芮會照顧你。我會跟她說你喜歡聽〈小星星〉，你想聽的時候可以去找她唱給你聽。來，再抱一下代表我會再回來接你。然後我就要先走了。好，來抱抱……」傑夫深呼吸，告訴自己可以，然後就照他先前說，抱衛斯理一下，說：「爸比永遠都會回來接你。」然後把衛斯理交給泰芮，三個人互相道別。到了晚上，傑夫重述了一次他們分離的故事，衛斯理最喜歡的玩偶加入了他們的道別小儀式，然後他們用衛斯理最愛的樂高人偶排練了好幾次，隔天早上，衛斯理看起來有點緊張，傑夫對他說：「有的小朋友離開父母時會哭，有的不會，你有什麼樣的反應都沒問題。不管怎樣，爸比知道你很安全，你在學校會玩得很開心，放學時我會來接你。」

第28章 「安心按鈕」幫助孩子獨立入睡

四歲的可拉通常都會好好睡覺，但最近一個月，她變得不太喜歡上床睡覺，本來睡前只讀兩本書，現在她要求讀十本，兩位爸爸離開房間時會哭個不停，還會在凌晨兩點醒來，要爸爸在床上陪她。可拉的爸爸班恩和麥特覺得又累又困惑，他們已經試過好寶寶貼紙和處罰，最近在考慮依朋友的建議，把可拉的房門鎖起來，可是又覺得這樣做不太好，想了很久都不知道要怎麼辦。

育兒一整天之後，如果孩子抗拒睡眠，一直拖延上床時間，或是在你最累最想睡的半夜吵醒你，父母應該都會覺得一切像噩夢。如果你覺得孩子的睡眠問題很難搞，你並不孤單；成為父母後總會特別期待沒有小孩干擾的個人時間，想趁機做點放鬆的事、讀點喜歡的書，因此當孩子的睡眠問題撞上父母苦苦等待的珍貴時段，尤其令人為難。經過漫長的一天後，父母想得到遠離孩子的空檔，孩子在這時卻仍想要繼續跟父母保持連結，多殘酷的對比啊！

關於孩子的睡眠問題，請務必記得：抗拒睡眠的問題說到底還是抗拒分離，因為孩子在夜間必須獨處十個小時左右，身體要覺得夠安全才能入睡。既然睡眠問題的根源是分離焦慮，解方還是要以依附理論為基礎。請記住，為了建立依附關係，孩子會希望跟父母保持親近，父母在身邊，感覺最安全。夜晚代表黑暗、孤獨、行動遲緩的身體、容易胡思亂想的腦袋，這時恐怖的想法會冒出來，對於現狀與變化的擔憂也會來攪局（如果我看不到父母，他們真的還會在嗎？），孩子很容易會覺得夜間很危險。

孩子在生活中遇到的其他煩惱和困難，也可能會反映在睡覺時間的表現上。孩子很容易把生活中的變化當成威脅，因此，開始上學、父母變得經常吵架、家裡多了新弟妹、搬到新環境等生活變化，如果讓孩子感到困惑、不安，他們就會特別想靠近父母。同時這些重大變化也會讓孩子的身體感到焦慮，無法達到熟睡時所需的放鬆，導致他們常常中斷睡眠。事實上，在面對變化時，孩子的調適方式就是盡量待在父母身邊，加強依附關係和安全感。當然，你可能猜到了，夜晚獨自入睡，跟靠近父母尋求安全感正好相反。

那麼，我們可以怎麼辦？我認為改變睡眠習慣主要有兩大步驟。首先，我們要讓孩子感到安全。**在白天**幫孩子發展適應技巧比較容易成功，也讓他們可以在夜晚分開前儲備一些安全感。然後，也只有在那之後，我們才能運用技巧創造比較安穩的入睡體驗。由於哄不睡孩子太令人心煩意亂，我們常常會急著解決孩子的睡眠問題，進而忽略了影響孩子身心的其他因素。父母會想這麼做完全合理，但很不幸地，原本干擾孩子睡眠的問題卻可能因此惡化。當父母變得冷淡、嚴厲、容易激動，想要尋求理解和慰藉的孩子會感到更加孤寂、害怕，也會因此更想得到父母的陪伴，受到糾纏的父母則會更加沮喪……結果形成惡性循環。

這時用行為主義思維來解決睡眠問題，通常也不太有效，因為拖延上床時間或在半夜兩點醒來只是表面問題，孩子的內在問題沒有緩解。有很多父母會遵從專家指導，忽略孩子的恐懼，鎖上房門，任由孩子在驚恐中哭喊，什麼也不做。每每聽到這種作法都會讓我心痛，但同時我也想給這些父母一個最寬容解釋：他們只是太急著讓全家人都可以睡覺、恢復精力，才會用這種方法。我明白，因為我們家的孩子也曾有過各種睡眠問題，我完全可以理解身陷其中的父母會有多累、多絕望。這也是為什麼我會如此熱切地想找出睡眠問題的根本解方，我希望可以同時尊重孩子和父母，既不會讓父母感到不對勁，也不會激化孩子被遺棄的恐懼，還能真正幫助孩子獨立入睡。

我們先來回顧一下依附關係和分離焦慮。孩子會有分離焦慮，是因為他們不太能**內化**親子關係的美好部分，只有在父母身邊才有安全感，父母離開身邊就會容易變得惶恐不安。如果我們能讓孩子記得親子關係中令人安心的部分，讓他們無論有沒有父母在旁都相信自己身心安全，分離焦慮就能排解，睡好覺的必要條件也就達成了。如果孩子在周遭環境中可以**感受到父母的存在**，那麼就算父母不在身邊，他們還是可以回味親子關係中的安定力量——這正是我們的目標。在考慮要用什麼策略改善孩子的睡眠問題時，可以問自己：這個方法能幫孩子學會容忍你不在身邊嗎？還是會讓孩子**更害怕**你不在身邊？當你看到這本書沒提到的方法，可以用這兩個問題評估那些方法是否有效、能否令人感覺良好。

在我們開始討論相關策略前，我想先聲明：我的目標是幫孩子建立安全感，我不會確知這些方法要用多久才能改善孩子的睡眠問題。可以確定的是，改變睡眠習慣需要一段時間，而且往往比我們期望的還久。在孩子睡眠還未完全改善前，好好照顧自己的需求也很重要：如果有伴侶或共同照顧者的話，可能可以輪流起來照顧孩子；有時也可以稍微加長孩子的螢幕時間，趁機休息；或是跟公司請假在家補眠。我知道，這些休息當然不足以彌補晚上流失的睡眠，不過，短暫的自我照護時間累積起來還是能發揮些許作用。

教養策略

「大家在哪裡？」

孩子不會把父母的存在當成理所當然，去睡覺時，他們不會知道父母是否還在。白天時跟孩子聊聊自己晚上的活動，有助於幫他們了解你還在。你可以一邊帶著孩子在家裡繞一圈，一邊解說，像這樣：「你去睡覺的時候，爸比會去廚房吃晚餐，然後在沙發上讀書，然後就回我房間睡覺啦。你在睡覺的時候，我也會一直都在這裡喔！等我醒過來，就是早上了，我就會去你房間叫你起床！」如果家裡或生活有些變化，你也可以這麼說：「我們的生活會一直變化，可是有件事不會變：你去睡覺時，我會在喔。就算你眼睛閉起來，看不到我，我還是會在這裡；等你醒過來，我也都會在。」

檢視白天的分離時刻

如果孩子很難入睡，可以先檢視白天分離時的情況。孩子願意讓你獨自去上廁所嗎？上學道別時會哭鬧嗎？如果你去辦事買東西，或是獨自去散步，孩子會不想讓你去嗎？處理睡眠問題，就是處理夜間分離焦慮，在那之前可以先處理白天的情緒問題；因為我們到了夜間都會更加焦慮，要培養孩子習慣分離，就要趁白天我們的身體都比較不緊張、心態都比較開放的時候。你可以想一個分離小儀式，練習道別（就算只是去上廁所！），藉此安撫孩子，就算你們沒待在一起，他還是很安全，而且你會回來。想了解處理分離焦慮的其他策略，請參考前一章。

角色扮演遊戲

拿出玩偶、車子、娃娃，或是任何孩子喜歡的玩具。用玩具演練睡前小儀式，同時審視孩子在這過程中產生的情緒，複習有利於撫慰孩子的策略。你可以這樣對孩子說：「我們來帶小鴨鴨上床睡覺吧！」然後對小鴨鴨說：「小鴨鴨，我知道你不喜歡睡覺，在上床時間覺得悲傷也沒關係。你要記得，鴨媽媽就待在你的房間外面，你很安全喔。鴨媽媽早上就會來叫你了。好了，現在來準備睡覺吧。」然後讓小鴨鴨從頭做一次孩子睡前會做的事（我們來跟小鴨鴨一起讀兩本故事書，然後帶她去刷牙，一起唱一首歌，再來就可以說晚安了！），在這過程中你可以任意添加孩子平時為難人的部分。如果女兒老是要求你多讀一本書，那就可以把這部分加入角色扮演，演出爭執過程，同理孩子想多讀一本書的願望，同時把持界限（什麼，小鴨鴨，你想多讀一本書！我知道了，你可以把那本書給我，我會拿去外面，這樣我們早上的時候就可以一起讀了。或是什麼，小鴨鴨，你想再讀一本？我知道，只讀兩本很不過癮，可是我現在不會再讀另一本了……要等到早上才可以！）。

讓自己「無所不在」

我處理睡眠問題的方法，是讓孩子就算沒一直待在父母身邊時，仍可以感受到親子關係對他有所撫慰。你可以想幾個辦法，讓孩子在房間和床邊都能感受到你的陪伴。也許你可以在孩子床頭櫃放一張全家福，在自己床頭櫃上也放一張孩子的照片。在白天時，你可以對孩子說：「你知道我最近在想什麼嗎？有時候我晚上很難入睡，還會一直想到你。我想在我的床邊放一張你的照片，看到你的照片就可以告訴自己，你在身邊，我很安全，早上就會看到你了！我覺得如果我們都有彼此的照片會很棒。我們還可以一起做相框，跟照片一起放在床頭櫃上。」我會建議一起做相框，不必做得太繁複，你可以用色紙簡單裝飾，再把照片貼在上面。這樣一來，你不但能以照片的形式在孩子房間裡陪他，你們一起創造東西的回憶也會讓孩子覺得安全、親密，這正是我們希望孩子在睡前會有的感覺。

另一個讓孩子感受到你存在的辦法，是告訴孩子，等他們睡著後，你會寫一張小紙條或畫一張有他們名字的畫，放在床邊。如果孩子在半夜醒來，看到你存在的證明，就會知道你終究會在身邊陪伴他們，身體也會覺得比較安全。有一陣子我女兒每晚都會要我寫一張紙條給她，上面要有她的名字，還有五十到一百個愛心（她在睡前會指定數量，這讓她覺得可以控制一些事）；寫這些紙條通常要花不少時間，但我女兒會因此感到安心，也不再那麼抗拒上床睡覺……我覺得完全值得！

給自己和孩子的口訣

你們現在應該知道我有多喜歡用口訣了。唸口訣可以轉移孩子的注意力，先不去感受麻煩的事有多難搞，而是專注於他們可以掌控的小事。這也是多年來我常教孩子使用的辦法：「你知道嗎？我在你這個年紀的時候，我媽有教我在睡覺前可以唸這個特別的東西喔！她離開我房間之後，我會一直重複唸這句話，像這樣：『媽咪在旁邊，法娜茲很安全，被窩很舒服。』我那時常常睡不好，可是唸這個有幫助喔！如果是你的話，就可以唸：『媽咪在旁邊，娜希德很安全，被窩很舒服。』」你可以用唱歌的語調來唸口訣，聽起來就會跟內容一樣撫慰人心。你也可以把口訣加入睡前儀式，比如在跟孩子唱完歌之後，可以複誦口訣三次，這樣不用多久，孩子就會**記得**，還能自己唸。口訣可以讓孩子獨自在房間時感受到你存在，如果這樣的口訣還有一個跨世代的背景故事，會顯得特別美好。

當然，口訣對大人也很好用——當孩子的睡眠問題或睡前活動讓我們感到挫敗，或想發飆，口訣可以幫我們平息情緒。我常常用這個口訣提醒自己：「這一切遲早會結束。孩子總會有睡著的時候。我應付得來。」

安全距離法

這個方法是以依附理論的原則運作，完全尊重孩子需要靠近父母才覺得安全的習性。這個方法從孩子房間裡開始，首先要待在他們身邊，然後每過幾晚，就稍微離他們遠一點，持續增加距離直到離開房間為止。你可以這樣對孩子解釋：「我知道你睡不好。我會待在你房間等你睡著，這個作法可以持續一陣子，但不會永遠都這樣。我在房間時不會像白天那樣跟你說話，我陪你是想讓你覺得安心。」以下是安全距離法的步驟：

一、**待在孩子的房間，等他們快睡著或完全熟睡再離開**。在房間時不必一直關注孩子。你待在房間是為了陪伴，不是為了交流，所以當你離床比較遠時，就可以利用時間做自己的事。請記住，孩子不會永遠需要你待在房間裡。當我們降低孩子的恐懼，他們對距離的容忍度就會增加，畢竟，有互相依靠產生的安全感（親密感），才會有獨立（分離）。

二、**使用安全距離法的第一個晚上，待在孩子覺得最安全的範圍內，判定的方式是看他們是否平靜**。你的起點可能是坐在床上，揉揉他們的背。接下來三個晚上都要離孩子這麼近。

三、**開始增加距離**。你的第二個「位置」可以是坐在床上不碰孩子，或是坐在床邊。過了幾個晚上，你可能就會到離門比較近的地板上。要換位置的當天早上，要記得跟孩子說，像這樣：「今天晚上會有點不一樣，你要做好準備。我今晚還是會去你房間等你睡著，但我不會坐在你床上，我會坐到你的椅子上。我知道你不會有問題的！」

四、如果孩子覺得害怕或情緒失控，**看著地板輕聲緩慢地複誦睡前用的口訣**。如果孩子還是害怕，可以移動到離他們近一點的位置。拿捏安全距離的過程中，「退一步又進一步」很正常。

五、**如果你注意到自己開始覺得氣餒或想發火，記得複誦屬於你的睡前口訣**：「這一切遲早會結束。孩子總會有睡著的時候。我應付得來。」

六、**持續增加距離的過程**。你會越來越靠近門，然後移到門框下，然後再過幾晚，移到半開的門外。

安心按鈕

當我思考要怎麼徹底解決孩子的睡眠問題，我想的是：要怎麼讓父母不必在孩子房間裡，也能讓孩子安心下來，覺得父母彷彿在身邊？這讓我想到了「安心按鈕」——就算你在沙發上或在床上，孩子一按這按鈕仍能感受到你的撫慰。作法如下：

找一個可以錄音至少三十秒的語音紀錄按鈕（網路上很容易找到便宜的）；利用一段安靜的獨處時間，用情緒穩定、安撫人心的聲音錄一段訊息給孩子。內容可以是一小段你們睡前常唱的歌，也可以是給孩子聽的睡前口訣，或是期待早上看到孩子的話……任何你不在時孩子聽了會安心的內容都可以。你還可以把安心按鈕融入你們的睡前儀式，比如你在房間裡時，孩子可以按按鈕聽一次訊息，你要走出房間時再聽一次，你離開房間後可以聽兩次。你也可以跟孩子達成「協議」：「我們來用用看這個安心按鈕。在叫我之前，我希望你可以先把錄音內容完整聽四遍。我會知道你有沒有聽，因為我會你的房門外等著。如果你聽了還是覺得很糟糕，就叫我過來，我會進來揉揉你的背，跟你說你很安全，然後我們可以再試一次。」

有了安心按鈕，你不在孩子房間裡，也能讓孩子感受到你的陪伴，還有你在依附關係中扮演的撫慰角色，孩子可以藉由按按鈕聽到你的聲音來靠近你，不會再孤立無援、手足無措。

後續發展：這套方法怎麼幫助孩子？

到了早上，班恩和麥特恢復精神，他們平靜地討論可拉抗拒睡覺的內在因素。他們發現了她的恐懼，意識到他們不應該加深恐懼，而是應該用新方法來減少恐懼。他們注意到最近可拉喜歡黏著他們，尤其喜歡待在班恩身邊，所以他們從白天的分離小儀式開始做起。他們甚至大白天就在可拉的臥室練習道別，讓一切看起來荒謬又好玩。可拉喜歡玩娃娃，於是麥特也用娃娃來演出抗拒睡覺的場景，還有練習複誦睡前口訣。不久後，可拉就興致勃勃地表示想自己做做看。班恩網購了一個語音按鈕，錄了他們在睡前都會一起唱的歌，還有睡前口訣，當他們把按鈕交給可拉，她看起來鬆了一大口氣，他們也明白了她有多希望晚上時也能「靠近」他們。可拉抗拒睡眠的情形還是持續了幾個晚上，後來漸漸好轉。班恩和麥特終於放心，也覺得充滿希望，因為他們發現這個方法不但合理、令人安心，還有顯著的進展。

第29章 面對善感的孩子，先制止再陪伴

六歲的茉拉在四歲的妹妹伊絲拉旁邊玩，然後她開始搔癢伊絲拉的腳趾，後來對伊絲拉又捏又推。兩人的媽媽安潔介入兩個孩子之間，對茉拉說：「茉拉，我不會讓你打人。你可以生氣，我明白你生氣，可是我不會讓你打人。」茉拉聽了立刻大吼：「不准說這種話！閉嘴！滾開！」安潔覺得很挫敗，忍不住問：「爲什麼你老是這麼激動?!」茉拉還是繼續發怒，對媽媽又踢又叫：「我討厭你！我最討厭你了！」

安潔不知道該怎麼辦。茉拉到底想要什麼？她怎麼了？爲什麼她瞬間就從嬉笑變成暴怒？

有的孩子對於事情有比較多感受，也容易比其他孩子有反應；他們的情緒劇烈且持久。

如果這些形容聽起來很熟悉，讓你想起自己的孩子，我想告訴你：這不是你的幻覺。你的孩子可能確實比其他孩子更常鬧脾氣，鬧得比較兇，也鬧得比較久。同時我也想告訴你：你的孩子沒問題，你也沒問題。我希望你再讀一次這句話：**你的孩子沒問題，你也沒問題**。

我通常不喜歡用標籤，但我發現，如果有一個詞彙可以形容這類孩子，父母尋求協助時，溝通起來會比較容易。這些情緒波動劇烈的孩子，我稱他們為「善感的孩子」（Deeply Feeling Kids, DFKs），因為情緒很容易受到周遭環境影響，他們常常嚇得不知所措，進入「受威脅」或「戰鬥或逃跑」的狀態。所以，善感的孩子確實不好應付，他們的父母也確實需要採取不同的策略，在行動前還要理解：善感的孩子最根本的恐懼是什麼、他們的激動表現是在追尋什麼、他們的情緒變化為什麼這麼劇烈。

書裡有很多策略，像是指認情緒或是提供支持等，可以幫其他孩子，你甚至也會發現對家裡的其他孩子管用，可是針對善感的孩子使用，情況卻會火上加油。這些孩子不太能接受幫助。當你想討論情緒，他們會大叫：「住嘴！」光是為了一些雞毛蒜皮的小事，原本還在零度的情緒會瞬間飆升到六十度。所以你要先接受一個重要的事實：你沒有「做錯」任何事，沒有說錯任何話，也沒有用錯語氣。善感的孩子無法接受你提供的任何協助，因為強烈的情緒已經讓他們難以負荷、疲憊不堪。

我知道這種受到排拒的感覺有多令人疲倦、灰心，我也明白，你現在可能想起自己與善感孩子度過的糟糕時刻，想起你後悔說過的話，還有讓你跟孩子都很難受的反應。深呼吸。

如果心中出現聲音指責你是「壞父母」，對指責的聲音打個招呼，同時也要去找找你的自我同理心，聽自我同理心說：「你沒有停留在那時候，你在讀這本書，知道自己要反省，要學著嘗試新作法，你很棒！」請回歸這本書的終極主旨：你是好父母，也有好孩子，你們都可能會遇到困難。

這裡有個好消息：我可以跟你保證，善感的孩子可以學習控管情緒，讓自己平靜、安定下來，也可以學會同理他人。他們只是需要父母的協助。我們只要樂意學習新方法，堅定地相信他們內在良善，就能幫上忙。

要了解善感的孩子，得先了解演化。這些孩子一感到羞恥，就會覺得自己會受到傷害。請記住，羞恥會啟動我們的原始防衛機制，這時自我保護的需求就會主宰我們，讓我們不理會或攻擊他人，或讓人遠離我們。孩子處於這種受威脅的狀態，會覺得世界很危險，這時即使父母意圖協助，在他們眼中都會變成侵擾，這正是善感孩子在需要協助時卻推開我們的原因。除此之外，善感的孩子一旦覺得自己「很壞」，就會變得特別脆弱，擔心那些壓迫自己的情緒和感覺會讓別人受不了，也會害怕這些情緒會嚇跑人。善感的孩子非常恐懼自己的邪惡和不可愛，總顧慮父母會「受不了」他們，不能「應付」他們，擔心父母無法堅定地引領太糟糕的自己。

當然，孩子不可能清楚明白地說出這些恐懼。我不曾聽過有哪個善感的孩子對父母說：「我常常受不了自己的情緒，也擔心嚇跑別人，所以我才會有劇烈的恐懼／攻擊反應。請用耐心對待我，保持冷靜，讓我知道我是可愛、善良的，可以好好活在這世上。」沒有孩子可以這麼明確地理解自己（其實，就連大人也很難這樣清楚表達自己）。然而，請好好記住這些話，因為善感孩子的內在確實是這樣運作的。

劇烈的情緒和反應可能會怎麼發展呢？這裡有個例子：你的善感女兒不太能分享。她搶走朋友手中的玩具，不肯歸還。同樣的情況，父母介入時可以對非善感的孩子說：「我知道，跟人分享很難！我在這裡，我來幫你吧！」那個孩子可能就會接受父母設立的界限和給予的撫慰。可是善感的孩子聽到這些話可能會情緒爆炸。在善感的孩子體內，脆弱的心理狀態（我想要玩具，然後我就搶了……早知道就不要搶……）會導致強烈的羞恥感（我不應該那麼做，我好壞）。所以在這個涉及分享問題的情境，我一點也不會意外看到，當父母來找這個善感女孩處理問題時，她會像受困的動物為了求生掙扎，可能還會哭喊：「離我遠一點！」「不要，把玩具給我，我恨你！」在這些時刻，巨大、可怕的情緒已經壓得善感孩子喘不過氣，可是她的表現看起來卻很冷酷，像在無理取鬧。請記住：我們永遠無法用邏輯來理解情緒，而這點也完全適用於善感的孩子。

大人覺得沒什麼大不了的時候，善感的孩子卻常常突然鬧脾氣、打人、罵人，父母覺得受到排拒和否定，也會不自覺大吼：「好啊，你說不想要我幫你，那我就不幫了！」「你在激動什麼！」「你很難搞耶！」如果以上聽起來也很熟悉，你讀對書了。你依然是好父母，請跟著我一起讀下去。善感的孩子最恐懼的事情之一，是他們難以承受的情緒也會讓其他人受不了，他們認為事情很糟糕且無法掌控，不只是他們**感受**如此，而是**本質上就是**那麼糟糕、難以控制。所有孩子，無論善感與否，都會以他們最信任的大人為榜樣，學習回應情感的方式，從而了解如何控管情緒。如果父母只會用吼叫、責罵或拒絕來回應善感的孩子，那麼他們情緒失控的情況只會惡化。

現在我們再來看看搶朋友玩具的善感女孩。當父母介入時，她吼叫：「我恨你！」**真正的**意思其實是：「我不知道要怎麼辦。我拿玩具是因為我無法忍受想要玩卻不能玩，現在我還覺得自己很壞很不可愛，可是我很害怕變成這樣。因為害怕，我的身體覺得受到威脅，所以我只能盡全力保護自己。」父母必須了解，雖然善感的孩子這時看起來已經失控，甚至進入攻擊模式，可是在內心深處，她覺得自己受到威脅，害怕得不知所措。這孩子確實需要父母的協助，可是當她處在受威脅的狀態中，以為周遭每個人都是敵人，就不可能接受直接的協助。善感孩子的父母必須練習「控制空間」，意思就是留在孩子身邊，控制他周圍的空間，孩子會因此發現那些驚人的情緒沒有主宰世界，讓他孤立無援。善感孩子的父母應該做的，是專注於改善孩子長期的情緒問題，控制情緒帶來的損害，而不是關切情緒造成的事件，著力於解決行為問題。

教養策略

好奇關切，不責備

父母處於責備模式時，常常會猶豫要怪孩子不好，還是怪自己沒教好孩子。我們的想法可能會像這樣：「都是我不好，這樣會毀了孩子。」或是「我的孩子怪怪的，一天到晚失控，這輩子可能就這樣完了。」好奇關切，則是像這樣：「我在想，孩子到底怎麼了？」或是「孩子會把內在感受直接表現出來……所以現在孩子覺得很『糟』，無法掌控自己！她怎麼了？會需要什麼樣的幫助？」

當你跟善感孩子發生難處理的事情時，請先檢視自己的內在，看看自己處於什麼模式。如果是責備模式，也請善待自己：「嗨，責備，我知道你現在想當老大！我希望你可以後退，讓我可以找到好奇心，我知道好奇心也在這裡。」然後開始問問題。

制止優先

善感孩子常常會情緒大崩潰，他們很容易突然爆發，然後就失控地動手動腳、亂摔亂丟東西。面對這個狀態的孩子，首先得制止他們：請先深呼吸，記起父母的第一要務是確保孩子安全。接著把孩子帶離現場，到一個比較小的房間，陪他們好好坐著，度過情緒風暴。我必須說，孩子應該不會喜歡這樣。他們可能會抗議並哀求：「等一下，別抱我出去！不要！

不要！不要啦！我可以冷靜下來！」可是聽我說：**你一定要好好執行這個動作**。這麼做不是為了「贏」，也不是因為孩子想操控你，更不是因為你可以藉此「展現誰的地位比較高」，而是因為你必須讓孩子知道，他們的失控不會影響你。他們必須從這個動作了解，在身心充滿壓力時，身邊有個可靠的領導者可以照顧他們。雖然孩子表面上一直叫著不要去房間，可是你可以想像他們的心這麼說：「請成為我需要的可靠領導者。我現在顯然沒辦法做出明智的決定。拜託你求求你告訴我，我心裡那些可怕的情緒不會傳染給別人。」

在你執行動作的同時，請跟孩子描述當下的情況：「我現在要把你抱去你房間。接下來我不會罰你，只會陪你坐著。你是個好孩子，只是現在遇到困難了。」

「你是遇到困難的好孩子。」

善感的孩子覺得內在情緒風暴太過驚人、難以掌控時，會特別在乎父母**對他們的想法**，他們非常害怕被當成壞小孩，父母做出的任何舉動都可能讓他們覺得恐懼成真。「你是遇到困難的好孩子」策略有點複雜，因為沒有非常具體的「行動」，我們要做的只有牢牢記得孩子可愛美好的模樣。當孩子鬧脾氣，你難受得想推開他們時，請試著想像他們正感到痛苦、害怕。如果我們記得提醒自己，這是個遇到困難的好孩子，心裡就會產生想要協助他們的欲望；可是如果我們老是想著「壞孩子在惹麻煩」，就會變得只想要評判、懲罰孩子。在孩子情緒爆發時，你可以告訴孩子：「你是遇到困難的好孩子。」或是在他們情緒平靜下來之後，分享類似的想法：「剛剛我們都很不容易。我知道你是個好孩子，只是遇到困難了。我愛你，永遠都愛你。」

在孩子為情緒掙扎時，你也可以對自己複誦口訣，以保持冷靜：「我的孩子很好，只是現在遇到困難了。我的孩子很好，只是現在遇到困難了。」有時我們能為孩子做的，就是充滿愛意看著他們，知道自己可以在他們遇到困難時伸出援手。

陪伴，耐心等候

在跟善感孩子互動時，唯一要記得的原則就是：陪伴是最強大的行動。不需要任何言語或複雜的腳本，充滿關愛的冷靜陪伴無疑會是你最重要的教養「工具」。陪伴可以表達善意，光是待在他們身邊，就像是在說：「你不是壞孩子，我不怕你。待在你身邊表示你很好，很可愛。」我們必須讓孩子知道，他們沒有對我們「太過分」，我們也沒有受不了他們。所有孩子，尤其是善感的孩子，遇到困難時最需要的就是我們待在他們身邊。陪伴勝過任何語言文字：「你很好，很可愛，沒有讓人受不了。你不孤單，我愛你，就在這裡陪你。」因為善感的孩子渴望這些訊息，但同時也難以接收這類的言語。

當然，陪伴不代表我們可以挨打或陷入危險，也不代表你不能有自我隔離冷靜時間。比如，兒子情緒大爆發，你陪他到房間裡坐著，但你想給自己一段自我隔離冷靜時間，便可以說：「我愛你，但我的身體現在需要一些空間來喘口氣，我會先離開房間，等一下就會回來。」這跟對孩子吼：「你這樣子，我沒辦法待在你身邊！」有什麼不同呢？自我隔離冷靜時間的重點在於：跟孩子解釋你有讓自己冷靜下來的需求，語氣沒有責備的意思，而且表明你會回到他身邊。

用拇指說話

善感的孩子不喜歡討論感受，因為會讓他們有太多感覺，同時覺得受到冒犯。他們認為感受就像他們的弱點，而我們也知道，他們羞恥時就會覺得自己受到傷害，然後拒絕回應。那麼我們該怎麼做？討論感受有助於培養調節情緒的能力，我們要怎麼讓不喜歡討論感受的孩子打開心房？可以試試「用拇指說話」。下次你想跟孩子討論情緒相關的事情時，可以這麼說：「我想要做一件以前沒做過的事。你躺下來，不要看我！不要偷瞄。我會說一些事情，如果你覺得對，就拇指朝上；覺得不對，就拇指朝下；覺得好像有點對，又好像有點不對，就拇指朝旁邊。」如果你提議時，孩子想要躲在床底下，就讓他去吧！孩子不想被看見的行為，反而可以讓他們表露更多自己。

接著你可以說一件很荒謬、絕對會讓孩子拇指朝下的事，像是：「今天我對妹妹很生氣，因為她回家可以吃五百球冰淇淋，我只能吃一球。」你可能會聽到一些笑聲，這對緩和氣氛很有幫助，也可以讓孩子覺得比較安心。現在你得到一個好時機了，可以試著這麼說：「今天我對妹妹很生氣，有妹妹好討厭喔，有時候我希望我是家裡唯一的小孩。」停下來等一等。如果你得到一個回應，無論是不是拇指朝上，都不要給予任何評論或解釋，頂多簡單回應：「我知道了」「我懂了」然後繼續。這可能跟你以往的作法很不一樣，但慢慢的，孩子會接受自己的情感和脆弱，並學著與人連結。

後續發展：這套方法怎麼幫助孩子？

安潔想起「制止優先」，於是對茉拉說：「我要把你抱到你房間。你不會受到處罰。我會坐在那裡陪你。你是好孩子，只是現在遇到困難了。我愛你。」茉拉尖叫：「不要！不要！」但安潔知道，她要表現出自己是可靠的領導者，女兒的言行不會嚇到她。進到茉拉房間後，安潔關上門，坐下，先專注於冷靜自己的身體，而不是試著改變茉拉的心情。

安潔鎮定下來後，告訴茉拉說她要先去看看伊絲拉，等一下就會回來，離開房間前，她又說：「我愛你，你會沒事的，我愛你。」向伊絲拉解釋茉拉現在遇到困難需要人陪之後，安潔回到茉拉房間，等待情緒風暴平息。她默默對自己複誦：「我沒有問題，孩子也沒有問題。我應付得來。」到了晚上，一切平靜下來後，安潔跟茉拉玩「用拇指說話」，她很意外茉拉願意跟她交流，並從中得知，白天有個年紀比較大的孩子在學校遊樂場推了茉拉一把。安潔知道這件事不代表茉拉欺負妹妹是對的，但她因此更能理解茉拉的內在，並再度確認，茉拉是好孩子，只是剛好遇到困難了。

結語
這不只是一本教養書，也是引領你發現自己內在良善的指南

我們在書裡談了很多內容。資訊可以給人力量，也可能令人失措，因為吸收新資訊之後，我們會對過去的想法或做過的事產生一些情緒。一旦我們開始想：「喔，我沒想過可以這樣對待孩子——這個方法很合理，應該也會讓我們感覺比較良好。」罪惡感或羞恥感可能也會同時浮現：「我是糟糕的父母。」「我已經毀了孩子了。」當負面感覺和想法不斷襲來，我們可能因此誤以為新資訊是痛苦來源，嚇得不敢正視，結果形成惡性循環：我們想採用不同的作法↓用從前的教養方式來評判自己↓負面情緒和想法不斷打擊我們↓為了逃避這些令人苦惱的內在反應，放棄改變↓繼續用老方法教養孩子。

我認為，要打破這個惡性循環可以從我的首要原則開始：我們的內在都是良善的。我知道你有良善內在。我想再說一次：「你有良善的內在。」這句話只有短短幾個字，看起來不起眼，卻有改變一切的潛力。當你吼孩子，你的內在是良善的；你答應會早點下班哄孩子睡覺，結果卻不小心加班加太久，錯過孩子的上床時間，你的內在是良善的；當你太晚去學校

接孩子，沒有道歉，反而唸孩子不知感恩，你的內在是良善的；你在此時此刻讀這本書，想著要改變，面對痛苦的感覺……你的內在必定是良善的。有一群大人正在重新發現自己的良善內在，認為這有助於改變、提升自己，而你正是其中之一。

請記住，我們必須感受到內在良善才能改變。這聽起來很矛盾，我知道。我們要先對自己好，先接受自己現在的模樣，接下來才會有足夠的勇氣去改變。無論是在教養或生活的其他面向，基於罪惡感或羞恥而改變是行不通的。我想我們直覺上應該都知道這點，因為很多人為了消除自責而改變，試了很久都無法成功。我們的身體就是無法容忍難堪的感覺，有這種感覺意味著我們「無法親近」別人，偏偏演化機制要求的成功生存條件是與人建立依附關係的能力，一旦我們覺得自己不好、不可愛、沒價值，就會用全力逃避這種感覺，最後就不會有剩餘的精力來改變和嘗試新事物。這也難怪很多人都覺得改變很難了。

改變的關鍵在於，容許罪惡感和羞恥感存在，將這些感覺視為改變過程的一部分，而不是阻礙改變的敵人。我們要跟這些感覺交朋友，因為有進步才會有這些感覺！具體要怎麼做呢？重點在於我的第二個原則：兩件事同時成立。我們必須同時接受兩件看似互相矛盾的事。我做過一些令自己懊悔的事，同時我有良善的內在；我對過往的教養方式有罪惡感，同時對未來的教養方式充滿希望；目前我已經竭盡所能，同時我想要做得更好。現在，休息一下，想一個「兩件事同時成立」的陳述，寫下來，大聲唸出來，跟信賴的朋友分享。用我的例子或你自己想的都可以，沒有「做對」的必要，因為沒有絕對正確的作法，這麼做的目的只是讓你練習同時接受兩種事實：承認你對目前教養方式的感覺，同時認可你想改變、前進的渴望。

我們的行為不能完全定義我們。一時半刻前的吼叫不等於你——你是人，一個剛剛吼叫過的好人。不耐煩不等於你——你是人，一個因為難受而面露不耐煩的好人。發現你的內在良善，不代表你可以免除行為責任；相反的，認知到你的良善內在，你更能為自己的行為負責，因為當我們可以告訴自己：「我有良善的內在，我的內在是良善的，內在的我是良善的。」我們就能更誠實地省思自己的行為。

讓我們一起這麼做吧！把腳放在地面，把手放在胸口，大聲地跟著我說：「是的，我做過很多希望自己沒做過的事，也有過一些讓自己懊悔的行為。那都是我以前做過的事，不完全代表現在的我。我不讓這些事代表我，不是想放過自己，而是我不想放過自己，因為只有不放過自己，我才會讓自己改變，以示負責。我是有過不當行為的好人，我現在依然是個好人，有良善的內在。內在的我始終良善，我會保持內在良善。」請好好記得這些話。有很多人覺得自己不夠好，根本難以接受在掙扎或發洩情緒時，還要告訴自己內在很良善。

然而這本書，還有參與改變的你，之所以能夠有力量，正是在此：這不只是一本教養書，也是引領你在生活各層面發現自己內在良善的指南。重新認識自己的良善內在是改變自己的關鍵，也是改變孩子及未來世代的關鍵。感受到自己的良善內在，就會讓我們開始看到孩子的良善內在。我們不會因此變成縱容孩子的父母。不，我們反而會成為安定、可靠的領導者，可以在艱難時刻把持界限，並且用同理心與孩子建立連結。由此我們體現了一種具有革命性的嶄新理念：你在遇到困難時依然是個好人，兩件事同時成立。

在這場改變社會的運動當中，你是不可或缺的。我希望你可以花一點時間讚許自己，因為自省很難，需要勇氣，而一邊養育孩子一邊改進自己更是辛苦。你覺得很難，因為這件事確實困難——請多提醒自己這一點。同時也要提醒自己：你並不孤單。有千百萬父母與你同在，你是我們的一分子，我們可以理解、認同你經歷的一切，看見你的良善內在，當你迷失時，我們可以幫你重新發現自己的好。

感謝你願意讓我進入你的家庭，我很榮幸可以認識你們，聆聽你們的故事，了解你們的痛苦、掙扎和成功。與你們共處的經驗令我充滿無限希望，因為你們讓我知道，影響、改變未來世代的教養方式不但可行，而且正在發生。持續努力的你很了不起。我非常期待看到我們共創的未來。

Eurasian Publishing Group 圓神出版事業機構
用心與你對話・視野無限寬廣
究竟出版社 Athena Press
www.booklife.com.tw
reader@mail.eurasian.com.tw

New Brain 038

Good Inside教養逆思維：看見孩子脫序行為中的內在需求

作　　者／貝琪．甘迺迪（Becky Kennedy）
譯　　者／簡瑜（前言～C15）、徐彩嫦（C16～C29）
發 行 人／簡志忠
出 版 者／究竟出版社股份有限公司
地　　址／臺北市南京東路四段50號6樓之1
電　　話／（02）2579-6600・2579-8800・2570-3939
傳　　真／（02）2579-0338・2577-3220・2570-3636
副 社 長／陳秋月
副總編輯／賴良珠
責任編輯／柳怡如
美術編輯／蔡惠如
行銷企畫／陳禹伶、鄭曉薇
印務統籌／劉鳳剛、高榮祥
監　　印／高榮祥
校　　對／柳怡如、林雅萩
排　　版／杜易蓉
經 銷 商／叩應股份有限公司
郵撥帳號／18707239
法律顧問／圓神出版事業機構法律顧問　蕭雄淋律師
印　　刷／祥峰印刷廠
2024年1月　初版
2024年8月　3刷

Good Inside

Published by arrangment with Hodgman Literary LLC, through The Grayhawk Agency.

定價 370 元　ISBN 978-986-137-431-4

對一個生命的失落者而言，最重要的可能不是什麼實質的幫助，而是深深的接納。

接納，眞是一份無比珍貴的禮物。由於曾被接納，我逐漸能接納自己，而後，也開始有能力給出這份禮物，去接納身邊的人。

——《重啟人生的17個練習》

國家圖書館出版品預行編目資料

Good Inside 教養逆思維：看見孩子脫序行為中的內在需求／貝琪．甘迺迪（Becky Kennedy）著；簡瑜、徐彩嫦 譯 . -- 初版 . -- 臺北市：究竟出版社股份有限公司，2024.1
320 面；14.8×20.8 公分 --（New Brain；38）

ISBN 978-986-137-431-4（平裝）

1.CST：親職教育　2.CST：子女教育　3.CST：兒童心理學

528.2　　112019676